INVENTAIRE
976.179

THÈSE DE DOCTORAT

DE LA

RESPONSABILITÉ CIVILE

PAR

H. WATRIN

« Sed justitiæ primum munus
est, ut ne cui quis noceat. » —
Le premier devoir que prescrit la
justice est de ne faire aucun mal à
autrui. (Cicéron, de officiis, liv. Ier,
§ VII.)

« Tout fait quelconque de l'homme
qui cause à autrui un dommage,
oblige celui par la faute duquel il
est arrivé à le réparer.» (Code civil,
art. 1382.)

PARIS
E. DUCHEMIN, LIBRAIRE-ÉDITEUR
10, RUE CUJAS, 10

1873

F

THÈSE DE DOCTORAT

DE LA

RESPONSABILITÉ CIVILE

PAR

H. WATRIN

« Sed justitiæ primum munus
est, ut ne cui quis noceat. » —
Le premier devoir que prescrit la
justice est de ne faire aucun mal à
autrui. (Cicéron, de officiis, liv. Ier,
§ VII.)

«Tout fait quelconque de l'homme
qui cause à autrui un dommage,
oblige celui par la faute duquel il
est arrivé à le réparer.» (Code civil,
art. 1382.)

PARIS
E. DUCHEMIN, LIBRAIRE-ÉDITEUR
10, RUE CUJAS, 10

1873

46179

A MON PÈRE. — A MA MÈRE.

INTRODUCTION

—

« Sed justitiæ primum munus
est, ut ne cui quis noceat. » —
Le premier devoir que prescrit la
justice est de ne faire aucun mal à
autrui. (Cicéron, de officiis, liv. Ier,
§ VII.)

« Tout fait quelconque de l'homme,
qui cause à autrui un dommage,
oblige celui par la faute duquel il
est arrivé à le réparer. » (Code
civil, art. 1382.)

*Ne fais pas aux autres ce que tu ne veux pas
qu'on te fasse.*

C'est dans la conscience que ce précepte de la
philosophie ancienne reçoit sa sanction la plus
élevée. L'homme, de sa nature intelligent et libre,
peut distinguer le bien du mal et se déterminer
pour le juste ou l'injuste. Si, connaissant le bien
et pouvant le pratiquer, il fait le mal, en se portant
à un acte injuste, une voix s'élève qui lui crie :
*Tu fais à autrui ce que tu ne voudrais pas qu'on
te fît à toi-même.* Celui que la crainte de ce reproche
suffit pour arrêter est l'honnête homme. Mais trop
souvent la sanction morale toute seule serait impuissante, et il appartenait au législateur de lui prêter
l'appui de la loi positive. A cet effet, il a dû régler

D.   1 les devoirs de l'homme envers ses semblables et envers la société, et menacer d'une juste répression celui qui les enfreindrait.

De ces notions ressort, pour l'individu, l'obligation d'obéir et à sa conscience et à la loi. S'il y manque, il encourt la responsabilité morale ou philosophique, en même temps que la responsabilité légale.

La responsabilité légale est elle-même pénale ou civile, suivant qu'il y a atteinte portée à l'intérêt social, ou à l'intérêt privé.

Nous définirons donc la responsabilité civile, en général, l'obligation de répondre d'une atteinte portée à un intérêt particulier.

On peut envisager la responsabilité civile à deux points de vue différents :

D'une part, dans les contrats et quasi-contrats ;

D'autre part, en dehors des contrats.

Dans les contrats et quasi-contrats, la responsabilité civile découle d'un engagement contractuel ou quasi-contractuel.

En dehors des contrats, la responsabilité civile résulte des délits et quasi-délits, c'est-à-dire des faits volontaires et illicites, aux termes de la loi pénale ou de la loi civile.

Ainsi définie, la responsabilité civile nous apparaît comme la sanction du respect du droit général d'autrui. Le principe est que l'homme peut faire tout ce qu'il lui plaît, en agissant ou en s'abstenant ; mais ce droit porterait en lui sa négation même, s'il n'avait pour limite le respect du droit égal d'autrui.

Cette limite a été entrevue à toutes les époques; c'est une des conditions essentielles à l'existence des sociétés. On l'aperçoit dans cette règle romaine : *Nemo damnum facit, nisi qui id facit quod facere jus non habet* ; on la déduit également de la déclaration des droits de l'homme : « Tout ce qui n'est pas défendu par la loi est permis et ne peut être empêché » ; enfin l'article 1382 du Code de 1804 la consacre implicitement.

La responsabilité civile résulte de deux ordres de faits :

1° Responsabilité pour un fait personnel ;

2° Responsabilité pour un fait non personnel.

1° *Responsabilité pour un fait personnel.* — La raison admet facilement que l'homme doit répondre des conséquences de ses faits personnels ; la vie en société serait impossible, si chacun pouvait, à son gré, léser impunément autrui; et l'équité serait blessée, si celui qui a éprouvé le préjudice n'avait le moyen d'en obtenir la réparation. A l'origine, et en l'absence d'une organisation sociale régulière, la partie lésée s'adressait naturellement à l'auteur du délit ; mais, souvent, dans un emportement irréfléchi, dépassait les bornes de la justice. C'est alors qu'intervinrent des dispositions civilisatrices, et la loi, substituant son autorité à la vengeance privée, établit la juste sanction du respect du droit d'autrui.

2° *Responsabilité pour un fait non personnel.* — Elle est en dehors de notre sujet. On nous permettra cependant, pour ne plus y revenir, d'en donner au moins une idée sommaire, dussions-nous, pour cela, entrer dans quelques détails.

Il est de principe que chacun est garant de son fait et que personne ne répond du fait d'autrui : « Peccata suos teneant auctores, nec ulterius progrediatur metus quam reperiatur delictum. » (Code, l. 22, *de Pœnis*.) Mais la loi romaine et la loi française renferment certaines dispositions qui, sans méconnaître la règle, semblent cependant s'en écarter. C'est ainsi qu'en droit romain les patrons de barques et les maîtres d'hôtel sont responsables des vols commis, par les gens de service, au préjudice des voyageurs ; que le chef d'une maison est responsable du dommage causé par les personnes qui l'habitent, en jetant des objets sur la voie publique. De même, d'après notre Code civil, art. 1384, on est responsable, non-seulement du dommage que l'on cause par son propre fait, mais encore de celui qui est occasionné par des personnes dont on doit répondre, et le même article cite les père et mère, les maîtres et commettants, les instituteurs et artisans, responsables de leurs enfants, de leurs domestiques ou préposés, enfin de leurs élèves ou apprentis. On peut y ajouter la loi du 10 vendémiaire an IV, qui impose aux communes une responsabilité fort étendue, à raison des délits commis par les habitants, ou par les étrangers, dans des conditions déterminées. Enfin l'art. 1385 du Code civil dispose que le propriétaire d'un animal, ou celui qui s'en sert est responsable du dommage que l'animal a causé, et l'article suivant ajoute que le propriétaire d'un bâtiment peut être tenu du dommage causé par la ruine des constructions.

Limitant notre étude, comme nous l'avons annoncé, à la responsabilité encourue à raison d'un fait personnel, nous traiterons ce sujet :

D'abord, d'après le droit romain ;

Puis, d'après le droit français.

DROIT ROMAIN

—

FURTUM. — DAMNUM INJURIA DATUM. — OBLIGATIONES QUÆ QUASI EX DELICTO NASCUNTUR.

—

Dans toutes les législations et à toutes les époques, la responsabilité civile, considérée en dehors des contrats, prend sa source dans un fait dommageable pour autrui. Cette origine est mentionnée d'une manière particulière en droit romain, où les obligations sont divisées d'après le mode juridique qui a présidé à leur formation, et on dit que les obligations découlant de la responsabilité civile se forment, comme certaines obligations contractuelles, *re*, c'est-à-dire par la chose, par le fait : « Hæ unius generis sunt ; nam omnes ex re nascuntur. » (D., 44, 7, 4, f. *Gai.* — *Inst.*, liv. 4, t. 1, pr.)

Les faits générateurs de la responsabilité civile sont les délits et les actes assimilés aux délits ou quasi-délits.

Un fait ne constitue un délit (*delictum, maleficium*) qu'autant que l'ancienne législation civile l'a qualifié tel et qu'elle y a attaché une action particulière. Ainsi entendu, le délit n'est donc pas précisément le fait nuisible et illicite, commis méchamment. Sans doute l'intention mauvaise se rencontrera plus fréquemment dans les délits que dans les quasi-délits; mais cette circonstance n'est pas caractéristique de notre division, et tels faits nuisibles seront, quoique intentionnels, classés en dehors des délits, tandis que d'autres y seront compris, bien qu'aucune intention coupable n'ait présidé à leur accomplissement.

Les délits considérés, comme nous allons le faire, exclusivement au point de vue du droit privé, donnent lieu à un *judicium privatum*, ou action privée dont l'exercice appartient à la partie lésée. Les Instilutes de Justinien en indiquent quatre : le *furtum*, la *rapina*, le *damnum injuria datum*, enfin l'*injuria*, et Gaïus nous dit de même que : « ex maleficio nascuntur obligationes; veluti ex furto, ex damno, ex rapina, ex injuria. » (D., l. 4, liv. 44, t. VII, *de Oblig. et Act.*)

Mais, sous le titre *de vi bonorum raptorum*, ou *rapina*, les Institutes ne nous présentent qu'une action établie par le préteur pour réprimer plus énergiquement le vol accompagné de violence, de telle sorte qu'on peut réduire à trois le nombre des délits mentionnés, savoir : le *furtum*, le *damnum* et l'*injuria*. Toutefois nous devons ajouter que l'énumération des Instituts et de Gaïus n'est pas limitative, car le Digeste offre d'autres exemples de faits réprimés par le vieux droit civil de Rome ; ainsi : le fait d'avoir coupé furtivement les arbres à fruits de son voisin ; le fait d'avoir construit avec les matériaux d'autrui : tous les deux réprimés par la loi des XII Tables, l'un, au moyen de l'*actio arborum furtim cæsarum* ; l'autre, au moyen de l'*actio de tigno juncto* ; enfin le dol, puisque les Instituts, après avoir dit que certaines actions emportent l'infamie, contre le défendeur condamné, ajoutent elles-mêmes : « Sed furti quidem aut vi bonorum raptorum, aut injuriarum, aut de dolo.... » (§ 2, *de pœna temere* litig. IV-16,)

Les faits assimilés aux délits, où quasi-délits, donnent lieu aux *obligationes quæ quasi ex delicto nascuntur*. Ce sont les actes dommageables dont le droit civil ancien ne s'est pas occupé et qui n'ont été pourvus d'une action que plus tard, par le nouveau droit, les constitutions des empereurs, les sénatusconsultes, et, surtout, par le droit prétorien. Ce sont les interprètes modernes qui ont qualifié ces faits quasi-délits, et *brevitatis causa*, nous nous servirons de cette expression ; mais il faut se garder d'y attacher le sens qu'elle reçoit dans notre droit moderne, où elle est exclusive de la volonté de nuire ; nous ajouterons même qu'elle traduit très-mal l'idée romaine, d'après laquelle les *obligationes quæ quasi ex delicto nascuntu* se rattachent aux autres, non par une sorte d'approximation, comme l'indiquerait le sens grammatical des mots quasi-délits, mais bien, nous le ferons voir, par une analogie complète dans la rigueur et la force de l'obligation qui en découle.

Les textes nous indiquent plusieurs hypothèses où l'on est tenu *quasi ex delicto* : Un juge prévaricateur *qui litem suam facit* ; de l'appartement occupé par Titius quelque chose est tombé et s'est répandu *ita ut alicui noceretur* ; quelque chose a été volé dans un navire, une auberge, une écurie.

Nous étudierons successivement, sous trois chapitres différents :

Le *furtum,*

Le *damnum injuria datum.* (Loi Aquilia.)

Les obligations nées *quasi ex delicto nascuntur.*

Enfin, nous parlerons du concours des actions résultant d'un délit.

CHAPITRE PREMIER

DU FURTUM.

Les jurisconsultes romains ont donné différentes étymologies du mot *furtum*, qui viendrait ou de *furvum* noir, ou de *fraus*, fraude, ou de *ferre, auferre*, emporter, ou plutôt de φῶρας, voleur, φῶρς venant lui-même de φέρειν, emporter. Cette dernière racine répondrait à l'idée qu'on se faisait du vol à Rome. C'était le déplacement frauduleux d'une chose par un individu ayant l'intention de se l'approprier : « Furtum est contrectatio rei fraudulosa, lucri faciendi gratia vel ipsius rei, vel usus ejus, possessionisve quod lege prohibitum est admittere (Paul, liv. I, § 3, *de furtis*. (Instit, L. IV, t. I, § 1.)

SECTION PREMIERE
Conditions et éléments du furtum

L'existence du *furtum* exige la réunion des éléments suivants :

1° Le déplacement de la chose : *contrectatio rei* ;

2° L'intention de se l'approprier : *animus furandi, lucri faciendi gratia* ;

3° Enfin, l'absence de consentement du maître de la chose.

1° Et d'abord, le déplacement de la chose : *contrectatio rei*. C'est, à proprement parler, l'attouchement de la chose, suivi de son déplacement. Sans cet attouchement, ce déplacement, il n'y a pas vol : « furtum sine contrectatione fieri non potest, hec animo furtum admittitur. » (Paul, Dig. L. 3, § 18. Liv. 41, t. 2.) Il suit de là que les conditions requises pour constituer le vol ne se rencontrent ni dans l'intention, ni dans la simple tentative de vol, ni dans l'acte de celui qui se fait consentir une obligation par fraude ; il en résulte encore, que le vol des immeubles ne saurait se concevoir, les immeubles ne pouvant, de leur nature, être déplacés, (Ulpien, L. 25 pr. Liv. 47, T. II). Cependant les Sabiniens, considérant que la possession est susceptible de vol, avaient essayé de soutenir une opinion contraire ; mais, Gaïus nous apprend qu'ils ne réussirent pas. (Gaïus 2-51.) Justinien fait allusion à l'ancienne doctrine sabinienne, lorsqu'il dit : « Abolita est enim quorumdam veterum sententia existimantium etiam fundi locive furtum fieri. » (Instit. II, T. VI, § 7.) La pensée des Sabiniens était plus philosophique que pratique. Le vol des immeubles, c'est-à-dire leur détournement frauduleux, est peu à craindre, et, du reste, au point de vue juridique, on remarquera que le signe matériel du déplacement de la possession d'un immeuble n'est pas identique à celui que comporte notre définition du *furtum*, la *contrectatio rei*. Cette expression semble bien se rapporter exclusivement aux meubles.

Le vol, disons-nous, peut ne porter que sur la possession de la chose. Il peut aussi ne porter que sur l'usage de cette chose : *vel ipsius rei, vel etiam usus ejus possessionieve*, répète Justinien, après le jurisconsulte Paul (L. 1, § 3, au Dig. *de furtis*).

Il y a *furtum ipsius rei*, lorsqu'on s'empare de la chose d'autrui, *cum animo domini*, avec l'intention de la traiter comme sienne : *aliquis intercipiendi causa rem alienam amovet* (Gaïus, III, § 195).

Le *furtum possessionis* a lieu lorsqu'un individu s'empare d'une chose qui lui appartient, mais dont il n'a pas la possession, soit parce que la chose était retenue en gage, soit parce qu'elle était possédée de bonne foi par un tiers (D. 47·2. L. 19, § 5. — L. 20, § 1, *de furtis*. — Gaïus III, § 196). Ce cas est assez remarquable, et il renferme du reste une solution très-juridique : la possession de bonne foi fait acquérir sur la chose possédée un véritable droit ; du reste, la solution ne peut faire doute, Gaïus est formel sur ce point : « Unde placuit, dit-il, cum qui servum suum, quem alius bona fide possidebat, ad se reversum celaverit, furtum committere (III, § 200, *in fine*).

Le *furtum usus* suppose qu'on se sert d'une chose

dont on n'avait pas le droit de se servir, ou bien encore qu'on emploie une chose à un usage différent
de celui auquel elle était destinée, aux termes d'une
convention. Tel est le cas d'un créancier gagiste ou
d'un dépositaire qui se sert de la chose qui lui a été
remise en gage ou en dépôt; car le propriétaire, en
lui livrant la chose, n'a pas eu l'intention de lui en
donner l'usage ; c'est à son insu qu'on s'en est servi,
et, par conséquent, malgré lui ; il y a dès lors *contrectatio fraudulosa rei alienæ, invito domino*, c'est-
à-dire *furtum*. Il faut en dire autant du commodataire qui ayant, par exemple, emprunté un cheval pour
la culture, le conduirait à la guerre (D., Liv. 47,
Tit. 2, l. 54 et l. 40. — Gaïus, III, § 196. — Inst.
liv. 4, tit. 1, § 6).

Une chose ne peut être volée qu'autant qu'elle est
l'objet d'un droit de possession ; ainsi je m'empare
d'une chose rejetée et abandonnée par son propriétaire, ou d'une chose dont personne n'a encore eu la
possession, je ne commets pas un *furtum*. La décision est fort juste ; car ni dans un cas, ni dans
l'autre il n'y a préjudice pour personne (D., Liv. 47.
Tit. 2, l. 26 et l. 43, *de furtis*). Par application de
cette idée, Paul décidait que celui qui se met en possession d'une chose héréditaire ne se rend pas coupable de vol : « Rei hereditariæ, antequam ab
herede possideatur, furtum fieri non potest » (Sent. II,
31, § 2). Mais cette décision est-elle exacte ? Pour
la justifier, on dit que d'une part l'héritier n'a la
possession qu'après avoir fait adition, et s'être mis

en contact direct et immédiat avec les biens hérédi-
taires ; et que, d'autre part, la règle *hereditas perso-*
nam defuncti sustinet n'est qu'une fiction, pouvant
bien prêter à l'hérédité une personnalité morale et
juridique, mais non la volonté de posséder, essentielle au vol. Il nous paraît au contraire difficile de
comprendre pourquoi un être moral, imaginé pour
jouer le rôle d'une personne physique, serait incapable de posséder, et nous sommes disposé à ne voir
dans la doctrine de Paul qu'un souvenir de la résistance que certains jurisconsultes opposèrent à l'établissement de la règle *hereditas personam sustinet*
(D. Liv. 47, tit. 4, l. 1, § 15.— Paul, Sent. Liv. 2,
tit. 31, § 11).

Quoi qu'il en soit, la soustraction frauduleuse
d'objets faisant partie d'une succession jacente ne
resterait jamais impunie. On pourrait toujours recourir au *crimen expilatæ hereditatis* institué par
Marc-Aurèle. Cette action donnait à la personne
lésée la faculté de poursuivre l'*expilator hereditatis,*
devant le préteur, et de lui faire infliger une
peine publique (Ulp., L. 2, § 1, D. *Expil. hered.*
47-19).

La condition de possession n'empêchait pas que
les choses qui ne sont pas dans le commerce pussent
être volées, et Gaïus nous apprend que les personnes
elles-mêmes pouvaient être l'objet d'un vol. En ce
qui concerne les esclaves, il n'y a rien d'étonnant, puisque le droit romain les considère comme
des choses. A l'égard de certaines personnes libres,

tels que les fils de famille, et les femmes *in manu virorum*, la solution apparaîtra aussi rationnelle, si on tient compte de l'organisation du pouvoir domestique à Rome, et, du reste, elle ne fait doute pour personne : « *Interdum*, dit Gaïus, *etiam liberum hominum furtum fit, velut si quis liberorum qui in potestate nostra sunt, sive etiam uxor quæ in manu nostra sit, sive etiam judicatus vel auctoritatus meus subreptus fuerit* (G. III, § 199).

Le *furtum personæ* donnait lieu, en outre, lorsque la personne libre ou esclave avait été *celata a suppressore*, à un *judicium publicum*, appelé *plagium ex lege fabia*, entraînant condamnation *in metallum* (D., liv. 48, t. 15, l. 6, § 2).

2° Nous avons dit que le *furtum* exigeait, en second lieu, l'intention frauduleuse : *Animus furandi, lucri faciendi gratia.* Cela suppose, chez l'auteur de la soustraction, une volonté libre et éclairée ; par conséquent, les personnes chez lesquelles l'entendement n'existe pas encore, ou n'existe plus, ne peuvent se rendre coupables de vol ; tels sont les impubères et les fous. Ainsi les fous ne sont pas responsables à raison des soustractions qu'ils commettent, parce que leurs actes ne leur sont pas imputables : *non intelligunt se delinquere.* Quant aux impubères, ils sont, en principe, réputés ne pas avoir l'intelligence suffisamment développée pour comprendre ce qu'ils font. Toutefois, les jurisconsultes font une exception pour l'impubère *pubertati proximus*, qu'ils réputent *doli capax*, pour le rendre res-

ponsable au même titre que l'adulte. Justinien
s'exprime dans le même sens au § 18, T. Ier, livre IV,
des *Institutes*.

La volonté nécessaire pour constituer l'*animus
furandi* doit se porter sur l'objet d'autrui que l'on
veut s'approprier ; mais quand dira-t-on que cette
volonté existe chez le *subtractor ?* La loi use ici
d'une présomption. Elle suppose à celui qui s'empare
de la chose d'autrui sans droit, l'intention d'en dé-
pouiller le maître et de se l'approprier. Cette présomption n'est pas invincible, il serait trop dur de
ne pas faire la part de la bonne foi de celui qui
est induit en erreur ; mais l'erreur, qu'elle porte
sur un point de droit ou sur un point de fait, devra
être plausible, c'est-à-dire résulter d'une circonstance
qui aurait pu tromper l'homme le plus attentif : *quis-
que diligentissimus.*

Les textes nous offrent des applications de ce
principe si rationnel. Voici un héritier présomptif
qui, ayant de bonnes raisons pour croire son pa-
rent décédé, se saisit, à titre d'héritier, d'un objet
héréditaire ; il ne commet pas un vol, son erreur
étant plausible (L. 83, *de furtis*). De même, si un
commodataire fait de la chose un usage que, vrai-
semblablement, il a pu croire autorisé par le commodant (*Inst.* IV, 1, § 7). Ainsi, encore, l'usufruitier
d'une femme esclave qui vend l'enfant dont elle est
accouchée, persuadé qu'il l'a acquis à titre de fruit.
Il y a dans ce dernier cas une erreur de droit, mais
elle est plausible, malgré l'adage : *nemo censetur*

2

gnorare legem, car le point était controversé entre
les jurisconsultes.

S'approprier une chose, en droit, c'est vouloir la
rendre sienne, en vue d'un profit, les choses n'étant
considérées, par les jurisconsultes que sous le rapport de leur utilité. Celui qui met la main sur
une chose et s'en empare est supposé vouloir se l'approprier à titre lucratif, soit en s'en servant lui-
même, soit en en faisant profiter une autre personne.

3° Enfin, le *furtum* exige, comme troisième condition essentielle, l'absence du consentement du maître
de la chose déplacée. Nous avons déjà dit que la
simple intention de voler ne suffit pas pour constituer
le *furtum* : *sola cognitio*, dit Paul, *furti faciendi non
facit furem* (L. I, § 1, *de furtis*). Eh bien, il en est de
même si de l'intention on passe au fait, lorsque ce
fait s'accomplit conformément aux intentions, au
désir, ou à la permission du maître de la chose. On
remarquera même que si le consentement du. maître
était connu de l'agent, non-seulement celui-ci ne
commettrait pas un *furtum*, mais il serait exempt de
tout dol (D. L. 47, § 2 ; L. 48, § 2 ; L. 46, § 8 *de
furtis*). Il est du reste évident que le *dominus* qui
ignore le fait ne consent pas ; car on ne peut consentir à ce qu'on ignore (D. Liv. 47, t. 2 ; L. 91 *de
furtis*).

On tire des observations qui précèdent cette conséquence qu'un commodataire qui fait de la chose un
usage qu'il croit prohibé par la convention, mais
qui, en réalité, est autorisé par le commodant ne

commet pas un *furtum* (Gaïus III, § 198 ; *Inst.* § 8 *de oblig. quæ ex del. nasc.*).

Les jurisconsultes romains formulaient une espèce sans doute plus théorique que pratique où le doute pouvait exister. Titius engage mon esclave à me voler une chose et à la lui apporter ; et, moi, averti par mon esclave de la sollicitation dont il est l'objet, je lui donne l'ordre de porter la chose à Titius que je me propose de surprendre ainsi en flagrant délit. Y aura-t-il réellement vol, ou seulement corruption d'esclave ? ou à la fois vol et corruption d'esclave ? Gaïus répond qu'il n'y a pas *furtum, ideo quod non invito me res contrectavit ;* ni corruption d'esclave, *ideo quod deterior servus factus non est* (III, § 198). Mais Justinien, prenant le contre-pied de ces solutions, tout en acceptant le principe d'où ellesdécoulent si logiquement, accorde et *l'actio furti* et *l'actio servi corrupti* (§ 8 *de oblig. quæ ex delicto*).

A présent que nous savons ce qu'est le *furtum* et les éléments qui le composent, nous avons à voir combien il y en a d'espèces. Labéon n'en comptait que deux : le vol manifeste et le vol non manifeste ; et Justinien, après Gaïus, dit de même : *furtorum genera duo sunt : manifestum et non manifestum* (§ 3, *de oblig. quæ ex delicto*). Nous laisserons donc de côté une autre division en *furtum conceptum* ou *oblatum*, qui intéresse l'histoire plutôt que la science.

Le *fur manifestus,* dans l'opinion la plus généralement admise, est celui qui est pris soit sur le fait même, soit sur le lieu du vol, soit même dans un lieu quelconque, mais nanti encore de la chose et avant qu'il ait eu le temps de la déposer à l'endroit où il voulait la transporter (G. III, 184 ; L. 4 *de furtis*). Ainsi défini, le *furtum manifestum* correspond, sensiblement, à notre flagrant délit de vol.

Le *furtum nec manifestum* est celui dont l'auteur ne se trouve pas dans les conditions du *furtum manifestum* (G. III, 185 ; *Inst.* § 3, liv. 4, t. 1).

Que faut-il penser de cette distinction du vol, en *furtum manifestum* et *furtum nec manifestnm*? Elle peut avoir une grande utilité au point de vue de la preuve ; mais elle nous paraîtrait mal fondée quant à la mesure de la culpabilité. Or il est arrivé précisément que le droit romain l'a prise pour base de l'établissements des pénalités. C'est d'abord la loi des XII Tables, qui réserve toutes ses sévérités pour le vol manifeste, auquel la peine capitale est appliquée : *Pœna manifesti furti ex lege XII Tabularum capitalis erat* (G. III, § 189) ; et, en conséquence, l'homme libre était battu de verges et livré (*addictus*) à celui qui avait été volé : « liber verberatus addicebatur ei qui furtum passus fuerat; » l'esclave était puni de mort et lancé de la roche Tarpéienne : *e saxo dejiciebant*. Vint ensuite la législation honoraire, et le préteur, corrigeant cette rigueur barbare du droit primitif, remplaça le peine capitale par la peine du quadruple, consistant dans le paiement d'une indemnité égale à quatre fois la valeur du préjudice causé.

Le vol non manifeste n'était puni, dans le droit

primitif, comme dans la suite, que de la peine du double.

Montesquieu émet l'avis que ces distinctions et leurs conséquences furent un emprunt maladroit à la législation de Lacédémone. Quoiqu'il en soit, la loi romaine suit l'instinct grossier des pénalités primitives, qui, comme le fait remarquer M. Ortolan, notre savant et regretté maître, est de frapper avec plus d'emportement le coupable pris sur le fait, soit parce que la culpabilité est alors mieux établie, soit parce que l'esprit de vengeance est encore dans toute son ardeur.

SECTION II

Actions qui naissent du vol.

On entend ici, par action, le droit de former telle demande devant l'autorité judiciaire. Le *furtum* est un fait complexe, lésant des droits divers, donnant lieu à différents chefs de réclamations et, par suite, à plusieurs actions.

Et d'abord, le voleur prive le propriétaire de sa chose : de là, pour celui-ci, le droit de se faire indemniser ; il reçoit à cet effet plusieurs actions ayant toutes ce caractère commun de tendre à la reconstitution du patrimoine que le vol a endommagé : ce sont les actions réparatrices, *rei persequendæ.*

Mais le vol n'est pas seulement un fait dommageable pour autrui ; c'est aussi un acte coupable,
répréhensible et nécessitant, par conséquent, l'application d'une peine. De là une nouvelle catégorie
d'actions, ayant pour but d'infliger au voleur un juste
châtiment : ce sont les actions pénales.

Il existe enfin une action qui présente le double
caractère d'action réparatrice et d'action pénale.

Nous rencontrerons donc trois sortes d'actions :

1° Actions réparatrices, ou *actiones quæ rem per-
sequuntur* ;

2° Actions pénales, ou *actiones quæ pœnam perse-
quuntur* ;

3° Action mixte, ou *actio quæ rem et pœnam per-
sequitur.*

Nous les étudierons successivement sous trois paragraphes différents.

§ 1er.

Actions réparatrices.

Ce sont, disons-nous, les actions que le droit romain qualifie *actiones rei persecutoriæ.* Elles tendent
toutes à remettre deux patrimoines dans leur état
primitif, lorsque l'un s'est enrichi ou a dû s'enrichir
aux dépens de l'autre. Celles qui naissent à l'occasion
du *furtum* sont :

L'*actio ad exhibendum ;*

La *reivindicatio ;* et

La *condictio furtiva.*

La première, l'*actio ad exhibendum*, avait pour but de faire représenter, de faire exhiber par le défendeur l'objet qu'il avait caché, fait disparaître ou détruit de mauvaise foi. (D. Liv. 10, T. 4, L. 9, Ulp.) Pour l'obtenir il fallait justifier d'un intérêt légitime à l'exhibition de l'objet ; si au jour fixé par le juge, le défendeur ne s'exécutait pas, il était condamné à la réparation du préjudice que son abstention causait au demandeur. (Inst. Liv. 4, t. 17 § 3.) Si le voleur avait consommé la chose, comme il était toujours réputé l'avoir fait de mauvaise foi, il encourait une condamnation à des dommages-intérêts envers la victime du vol.

La seconde action réparatrice était la *reivindicatio.* Elle permettait au propriétaire de réclamer la chose volée en quelque lieu qu'elle se trouvât.

Ces deux actions ne sont pas spéciales au cas de vol. Elles naissent dans beaucoup d'autres circonstances. On peut dire qu'en règle générale elles peuvent être données contre tout possesseur ou autre personne qui, de mauvaise foi, a cessé de posséder. Ainsi, au cas de vol, la partie lésée peut en user contre le voleur, soit qu'il possède, soit qu'il ait cessé de posséder : *Sive fur ipse possidet, sive alius quilibet.*

Quant à la *condictio furtiva*, dont il nous reste à parler, elle est spéciale au vol et mérite à ce titre une attention particulière. (D. L. 13, § 1 de *cond. furtiva.*) C'est, comme toute *condictio*, une action

personnelle par laquelle nous soutenons que le défendeur est tenu de nous transférer la propriété (*dare
oportere*) de telle somme d'argent ou de telle chose
déterminée. (*Dari fierive oportere intendimus*, G.
IV, § 4. Inst. *De act.* § 14.) Mais elle diffère des
autres *condictiones* à plusieurs points de vue : tandis
que les *condictiones* sont, en principe, refusées au
propriétaire de la chose, par ce motif bien simple
qu'il est contradictoire que le propriétaire d'une
chose demande qu'on lui transfère la propriété de
cette même chose, la *condictio furtiva* est donnée
au propriétaire même de la chose volée. La partie lésée par un vol pourra donc réputer le voleur
propriétaire, bien qu'il ne l'ait jamais été ; elle
pourra lui redemander l'objet volé, bien qu'il ne l'ait
plus, lui disant : Vous avez voulu vous approprier ma
chose, en devenir propriétaire : soit, je suppose que
votre convoitise s'est réalisée et que vous êtes en
effet devenu propriétaire, du moins en résulte-t-il
pour vous, comme pour tout autre, l'obligation de
me la rendre, puisque je n'ai pas consenti à vous la
donner. (G. IV, § 4. Inst. § 14.) C'est évidemment
en haine des voleurs que les jurisconsultes sont arri-
vés à fausser ainsi les véritables principes. Ils ont
voulu, ce qui paraît assez équitable, donner à la partie
lésée le choix entre la *condictio furtiva* et la *vindicatio*.
Celle-là a, en effet, sur celle-ci un grand avantage :
Lorsque la chose volée s'est détériorée ou a péri entièrement depuis le vol, le demandeur n'obtiendrait,
par la revendication, qu'une réparation incomplète

ou nullo : *Res extinctæ vindicari non possunt*; au
contraire, la *condictio* va le mettre à l'abri de ces
fâcheuses éventualités : « Extinctæ res, licet vindicari
non possint, condici tamen furibus possunt. » (G.
II, § 79, *in fine*.)

La *conditio furtiva* ne se donne pas comme la revendication, contre tout possesseur, mais seulement
contre le voleur, ou contre ses héritiers. Elle n'atteint même pas celui qui a coopéré au vol, bien qu'il
soit tenu cependant de l'*actio furti* (D. 13. 1. 5 et 6.)

Le but de la *condictio furtiva* est, avons-nous dit,
de faire condamner personnellement le voleur à restituer la chose ; mais, en pratique, elle aboutira ordinairement à faire condamner le voleur, incapable de
faire cette restitution, à une somme d'argent à titre
d'indemnité.

Cette action pourrait être exercée contre un fils de
famille coupable de vol, tandis que la *condictio* résultant des contrats ne pourrait l'être, les personnes
alieni juris n'ayant point capacité pour promettre
sur stipulation (D. Liv., 13, t. I, L. 5.)

§ II.

Actions pénales.

Le but de ces actions, que la législation romaine
qualifie d'*actiones pœnæ persequendæ gratia*, est d'infliger un châtiment au coupable, tout en accordant à

la partie lésée, indépendamment de la juste réparation du préjudice, une sorte de dédommagement pour le danger qu'elle a couru de tout perdre.

La valeur qui passe ainsi d'un patrimoine dans l'autre est toujours calculée sur l'importance du préjudice ; mais le montant de l'estimation est pris ordinairement plusieurs fois et on dit que l'action pénale est donnée au simple, au double, au triple et même au quadruple.

Les actions pénales naissant du vol sont les suivantes :

1° L'*actio furti*, au double ou au quadruple, dirigée contre le voleur.

2° L'*actio concepti*, que la loi des XII Tables accordait contre les recéleurs, et donnée au quadruple, ou au triple, suivant que l'objet volé avait été trouvé chez eux, au moyen d'une perquisition solennelle, ou sans l'emploi de cette formalité.

3° L'*actio prohibiti*, du quadruple, que le préteur créa contre celui qui refusait de laisser visiter sa maison.

4° L'*actio oblati*, du triple, que les XII Tables accordaient, à la personne chez laquelle l'objet volé avait été trouvé, contre la personne qui le lui avait apporté, qu'elle fut ou non l'auteur du vol. (Paul, S.|II,|31. § 3.)

5° L'*actio non exhibiti*, qu'introduisit le préteur contre l'individu chez lequel une chose volée a été trouvée et qui refuse de la rendre. Elle ne nous est connue que par le § 4 de *furtis* aux *Institutes*.

6° L'*actio bonorum vi raptorum*, imaginée encore par le préteur, pour réprimer le vol aggravé par la violence, et qui se donne au quadruple dans l'année du délit.

Ces actions sont loin d'avoir eu, en droit romain, la même importance.

Les actions *concepti*, *oblati*, *furti prohibiti*, *furti non exhibiti* se réfèrent à la procédure symbolique de la législation primitive. La disparition de cette procédure leur porta une grave atteinte, et Justinien nous apprend, en effet, que, de son temps, elles étaient tombées en désuétude. Les recéleurs, pour qui elles avaient été établies, n'avaient cependant pas disparu ; mais le préteur s'était habitué à les considérer comme des voleurs et à donner contre eux l'*actio furti*, au double. (Code VI, 2, l. 14. Inst. IV. 1, § 4.)

Nous nous bornerons donc à étudier dans ses dé-tails l'*actio furti*, et à ajouter quelques mots à propos de l'*actio bonorum vi raptorum*.

Et d'abord, de l'*actio furti*. Nous avons fait con-naître les distinctions essentielles qui existent, soit dans la loi des XII Tables, soit dans la législation prétorienne, entre le *furtum manifestum* et le *furtum nec manifestum*.

Nous avons montré le préteur substituant à la peine du *furtum manifestum*, telle que les XII Tables l'avaient établie, une peine plus humaine et con-sistant dans le quadruple de la valeur du pré-judice.

Quant au vol non manifeste, la loi des XII Ta-bles le punissait de la peine du double. Cette peine fut maintenue et appliquée par le préteur.

L'*actio furti* est soumise aux règles générales des actions pénales ; par conséquent :

Elle pourra être exercée non-seulement par le propriétaire de la chose volée, mais par quiconque justifie d'un intérêt ;

Elle est intransmissible passivement (L. 4, t. 12, § 3, *de perpet. et temp., aux Instit.*) ;

Elle se donne *noxaliter*, si le voleur est une personne *alieni juris* ;

Elle permet d'atteindre tous les délinquants et de leur demander à chacun cumulativement la peine tout entière. (L. 1, *de cond. furt., Code*) ;

Enfin, nous verrons plus loin que les actions pénales ne répugnent pas au cumul.

A. — A qui appartient l'*actio furti*.

L'*actio furti* appartient, en premier lieu, comme les actions persécutoires, au propriétaire de la chose volée. Mais, à la différence de celles-ci, elle appartient en outre, à quiconque souffre du vol et appuie sa demande sur un intérêt appréciable en argent (*Ulp. L. 10, de furtis*). Il faut aller plus loin et dire que cette dernière condition, l'existence d'une lésion et partant d'un intérêt, est exigée du propriétaire lui-même : « Furti actio ei competit cujus interest rem salvam esse, licet dominus non sit. Itaque nec domino aliter competit quam si ejus intersit rem non perire » (G. III § 203. *Inst.* § 13 *de oblig. quæ ex del.* Pomp. L. 80 § 1 *de furtis*).

Plusieurs conséquences découlent du principe que nous venons de poser.

Si la chose dérobée appartient à plusieurs personnes en commun ; si, par exemple, elle est soumise
à un droit d'usufruit ou d'usage, l'*actio furti* serait
donné au nu-propriétaire d'une part, à l'usufruitier
ou à l'usager, d'autre part, dans la mesure de leur
intérêt respectif (*D*. 47-2, *l*. 46 § 1).

L'*actio furti* se divisera de même entre le propriétaire et le créancier gagiste, si la chose volée est
affectée d'un droit de gage. En pareil cas, en effet,
le créancier gagiste est dépouillé de l'avantage qu'il
avait recherché dans le nantissement de la chose.
(*Plus cautionis in re est quam in persona* : 25 *de R. J.*)
et le propriétaire, bien qu'il puisse demander compte
au créancier de l'obligation qui lui incombe de restituer la chose, peut préférer, recouvrer sa chose
elle-même sans avoir rien à redouter de l'insolvabilité du créancier. Aussi Ulpien ne fait pas difficulté
pour accorder l'*actio furti* au propriétaire, aussi bien
qu'au créancier gagiste ; *Datur utrique, quia utriusque interest* (*D-L*. 12 § 2 *de furtis.*)

Si la chose donnée en gage avait été dérobée par
le débiteur, il y aurait *furtum possessionis*, et il n'est
pas douteux que l'*actio furti* serait donnée contre le
débiteur lui-même, bien que propriétaire de la chose.
(*D.* 47, 2, l. 12 § 2 et l. 87.)

Enfin, toutes les questions délicates que peut sou-
lever ce sujet seront résolues par l'application du
même principe : le demandeur a-t-il ou non intérêt
à l'exercice de l'action.

Ainsi, s'agit-il du *locator operarum* ou du *con-*

ductor operis, ou du commodataire : Ils auront l'action
toutes les fois qu'ils justifieront d'un intérêt, et cela
se présentera lorsque le vol se sera produit par leur
faute, car un vol commis en de telles conditions ne
les dispense pas de leur obligation de restituer la
chose. Mais si nous les supposons insolvables, ils
n'ont plus rien à redouter, en fait, de *l'actio locati*,
ou de *l'actio commodati* ; car, comme le dit Ulpien,
l. 12 de *furtis*, ceux qui n'ont rien à perdre ne cou-
rent aucun risque : *qui non habet quod perdat ejus
periculo nihil est* ; dès lors, ils sont dépourvus d'intérêt et, partant, de *l'actio furti*. Cette action appartiendra exclusivement au *locator* ou au commodant.

On remarquera cependant combien est fragile la base
de notre distinction. D'une part il est certain que
l'obligation de restituer la chose existe malgré l'insolvabilité, et, d'autre part, on comprend qu'il ne soit
pas indifférent au propriétaire de pouvoir toujours
prétendre à la restitution de la chose elle-même.
Aussi Justinien a décidé, au moins en ce qui concerne
le commodant, qu'il a dans tous les cas le choix entre
l'actio commodati contre le commodataire, et *l'actio
furti* contre le voleur ; s'il s'arrête à la première, la
seconde appartient au commodataire, s'il prend la
seconde, le commodataire se trouve, par là même,
libéré de son obligation de restituer la chose par lui
empruntée (Inst. IV. 1 § 16.)

Le dépositaire est tenu vis-à-vis du déposant,
moins strictement que les personnes dont nous
venons d'examiner la situation. Il ne répond pas

de sa faute légère : *custodiam non præstat* ;
par conséquent le vol le libère toujours, et, dès lors,
à défaut d'intérêt, il ne peut prétendre à *l'actio furti.*
Il est vrai qu'il répond de son dol, et que sa con-
nivence avec le voleur engagerait sa responsabilité
vis-à-vis du déposant ; mais son intérêt ayant pour
fondement une cause deshonnête, il ne peut l'invoquer. (D. 47, 2, L. 14, § 3, l. 11 de furtis.)

Nombre d'autres applications pourraient être faites;
mais toutes se résolvent par la même distinction, et
les exemples que nous venons de présenter paraissent
suffisants pour mettre le principe général complètement en lumière.

Nous avons annoncé qu'à l'intérêt du demandeur
doit se joindre la possession de la chose, qu'il possède par lui-même ou par un tiers possédant pour
lui ; il en résulte que les créanciers de la chose volée
ayant un simple *jus ad rem* ne peuvent exercer l'action, bien qu'ils y aient intérêt. Ainsi, j'achète une
chose, puis elle est volée avant qu'elle m'ait été li-
vrée : *l'actio furti* ne m'appartient pas ; elle est réservée à mon vendeur seul, fut-il d'ailleurs obligé de
me la céder. Elle serait même donnée contre moi si
je m'étais emparé de la chose avant d'en avoir payé
le prix. Toutefois les textes renferment, à cet égard,
des décisions qui semblent contraires à nos solutions.
Ainsi Paul s'exprime en ces termes: « Si res ven-
dita, ante traditionem subrepta sit, emptor et ven-
ditor furti agere possunt ; utriusque enim interest
tradi vel tradere. » *(Paul. Sent. L. 2, t. 31, § 17,*

de furtis.) Ce texte serait fort embarrassant pour ceux qui se proposeraient, en toutes circonstances, une parfaite conciliation entre les opinions souvent différentes des jurisconsultes romains.

Les détenteurs de la chose, qui peuvent exercer l'*actio furti*, sont ceux qui tiennent cette chose de la volonté du *dominus*. En l'absence de cette volonté, l'action sera refusée même à celui qui invoquerait un intérêt fondé sur la responsabilité qu'il encourt pour sa faute vis-à-vis du propriétaire : tels sont les tuteurs, les curateurs, le *negotiorum gestor* ; car ils ne détiennent pas en vertu de la volonté du *dominus*. (D. Liv. 47, t. 2, l. 85) ; mais, en compensation de cette situation désavantageuse, ils ne seront condamnés sur l'exercice de l'*actio tutelæ*, ou de l'*actio negotiorum gestor*, qu'autant que le propriétaire, qui, lui, a l'*actio furti*, sera prêt à la leur céder.

La transmissibilité de l'*actio furti*, au point de vue actif, ne peut faire aucun doute. Elle constitue dans le patrimoine de celui qui pourrait l'exercer un droit acquis, elle passe donc, comme les autres droits composant la masse héréditaire, aux héritiers du défunt. (D. L. 41, § 1, *de furtis.* — Liv. 47-1. L. 1ᵉ § 1.)

B. — Contre qui l'*actio furti* est donnée ?

On peut dire qu'elle est donnée en général contre tous ceux qui ont commis, ou aidé à commettre, le fait qualifié *furtum* (D. L. 48, § 1, *de furtis*).

Et, d'abord, contre le voleur, l'auteur direct et immédiat du vol. Elle peut atteindre, au cas de *furtum usus* ou de *furtum possessionis*, même le propriétaire de la chose volée.

Elle est également donnée contre les complices du voleur, contre cette classe d'individus que les textes désignent sous les expressions : « Quorum ope consilio furtum factum est » ; ou : « quorum ope, aut consilio furtum factum est. » Mais que faut-il entendre par ces expressions *opus*, *consilium ?* Ulpien en indique le sens en ces termes : « Consilium dare videtur, qui persuadet et impellit atque instruit consilio ad factum faciendum ; — opem fert qui ministerium atque adjutorium ad subripiendas res præbet. » (D. L. 50, § 3, *de furtis*.) Mais exigera-t-on, pour constituer la complicité, la double condition : *opem et consilium*, ou l'une seulement, *opem aut consilium ?* La question était déjà débattue entre les jurisconsultes romains ; on comprend qu'elle n'ait pas cessé de l'être.

Dans une première opinion, on exige la coexistence des deux conditions. Ainsi, celui qui donnerait assistance (*opus*) à l'agent direct du délit, sans avoir la pensée (*consilium*) de coopérer à un vol, ne serait pas tenu, non plus que celui qui aurait la volonté de favoriser un vol ; mais dont l'intention ne serait pas mise à exécution. Telle est, croyons-nous, l'opinion des rédacteurs des Institutes lorsqu'ils disent au § 11 de notre Titre : « Interdum furti tenetur qui ipso furtum non facit ; qualis est is cujus ope et consilio furtum factum est ; » car aussitôt ils citent comme exemple celui qui a fait tomber de vos mains votre

argent pour qu'un autre puisse s'en saisir. Il y a, en
effet, dans cette espèce, à la fois assistance donnée au
voleur et intention, volonté, de faciliter le vol, il y a
opus et *consilium*. On peut consulter dans le même
sens la loi 36, § 2, *de furtis* au Digeste. (Ortolan,
Explic. historiq. des Institutes, 3ᵉ vol, p. 416.)

Dans une deuxième opinion, on donne l'*actio furti*
contre tous ceux qui ont coopéré au vol, en le facili-
tant par une assistance, soit matérielle, soit morale.
Pour arriver à cette interprétation, on donne au mot
consilium un sens différent de celui qu'il vient de recevoir. Il ne signifierait pas, chez celui qui prête son
assistance au voleur, l'intention, le dessein mauvais
de favoriser le voleur ; car, dit-on, à quoi bon dire
que cette condition est exigée ? N'est-ce pas évident,
puisqu'elle est requise même chez l'auteur direct et
immédiat du vol : celui qui déplace la chose, nous le
savons, ne commet pas de vol s'il n'a pas l'*animus
furandi*. L'expression *consilium* s'entendrait des ex-
hortations, incitations, instructions données au véritable voleur, chargé d'accomplir l'acte matériel, de
procéder, comme on dit, à l'exécution, à la perpé-
tration du vol. Dans ce sens, et toutes les fois que
nous rencontrerions le mot dans les textes, il serait
vrai de dire, qu'à lui seul, le *consilium* suffit pour mo-
tiver l'exercice de l'*actio furti*, pourvu, bien entendu,
que le vol s'en fût suivi. (L. 50, § 3, *de furtis*. Paul
Sent. II, 31, § 10. M. Demangeat, *Cours élémentaire
de droit romain*, 2ᵉ vol. p. 386.)

L'*actio furti* est une action dite *famosa*, c'est-à-

dire marquant d'infamie celui qu'elle frappe pécuniairement. Par suite, elle ne sera pas donnée entre
personnes unies par des relations de famille, ou de
subordination de l'une à l'autre ; ainsi, elle n'est
donnée :

Ni aux enfants *sui juris*, contre leurs ascendants ;
le préteur accorde toutefois une action *in factum* ;

Ni aux affranchis, contre leurs patrons ; une *action
in factum* lui est également substituée ;

Ni à un époux, contre l'autre, le préteur accordant
une *condictio*, tant que dure l'union, et, après, une
actio rerum amotarum. Le but de l'une et de l'autre
est la restitution de la chose enlevée, ou de sa valeur (D. 25-2-17, § 2).

Dans ces trois cas, du reste, il ne faut pas croire
qu'il n'y ait pas *furtum*. Ce délit existe si bien, que
la chose qui a été soustraite ne peut plus être acquise par usucapion et que les complices sont
passibles de l'*actio furti*.

L'*actio furti* est encore refusée : à l'esclave contre
son maître, et au fils de famille contre le *paterfamilias*, bien qu'ici, à raison de l'unité d'intérêt existant
entre ces personnes, aucune autre action supplétive
ne soit accordée.

Notre action, à raison de son caractère pénal,
n'est pas donnée contre les héritiers du voleur, de
ses complices, ou des recéleurs. Cependant lorsque
l'action a été valablement exercée contre l'agent du
délit, et que la *litis contestatio* est venue opérer une
novation, dans la cause de l'obligation, elle peut être

valablement continuée contre les héritiers. Il en serait de même, si la novation résultait d'une convention intervenue entre le coupable et la victime du
vol (D. 1. 164 *de Reg. Jur.*).

Quel sera le montant de la condamnation à intervenir tant sur la *condictio furtiva* que sur l'*actio
furti.*

Nous avons déjà fait connaître que le demandeur
poursuit, par la *condictio furtiva,* à titre d'indemnité,
la valeur de la chose volée; et, par l'*actio furti,* le
double, ou le quadruple de cette même valeur, à titre
de peine. Il nous reste à dire ce qu'est au juste cette
valeur que les textes désignent ordinairement par ces
formules : *quod interest, quanti res est ;* comment on
en calculera le *quantum.* La question revient à se
demander quelle est précisément l'unité, le *simplum,*
qui se trouve multipliée par deux, trois, quatre. Les
textes qui se réfèrent à la question semblent renfer-
mer des solutions différentes. Il paraît bien cependant qu'à l'origine on s'accordait à n'exiger jamais
que la valeur de la chose volée. C'est le propre des
législations primitives d'offrir des solutions simples
et absolues ; mais une analyse plus délicate conduit
à distinguer, dans une situation juridique donnée, des
nuances diverses, et à y appliquer des solutions plus
conformes, à la réalité des faits. On n'a donc pas tardé
à reconnaître que la valeur de la chose prise en elle-
même ne représentait pas, dans toutes les hypothèses,
le préjudice réellement souffert. Dès lors, le préteur

a été porté, naturellement, à tenir compte des pertes
diverses que le vol avait occasionné et même des gains
auxquels il avait fait obstacle. La rédaction de la
formule de l'*actio furti*, dont la *condemnatio* est *incerta*, se prêtait merveilleusement à cette tendance.
Dès lors, le montant des indemnités à attribuer à la
victime du vol s'est trouvé comprendre, non-seulement la valeur de la chose prise en elle-même et abs-
traitement, mais tout le préjudice occasionné au demandeur, *quod actoris interest* : c'est l'unité, le *simplum*.

La doctrine que nous venons d'exposer est admise
en général par les auteurs (Ortolan, *Explic. des
Inst.*, 3ᵉ vol., p. 417). Elle semble cependant formellement contredite par un texte d'Ulpien que nous
devons faire connaître : « In furti actione, non quod
interest quadruplabitur vel duplabitur, sed rei verum
pretium. » (D., l. 50 pr., *de furtis*). Mais il faut se
garder de prendre cette phrase dans son sens appa-
rent, elle ne signifie certainement pas qu'on ne doit
tenir compte que de la valeur matérielle de la chose,
car Ulpien lui-même nous dit d'autre part que si
l'esclave volé avait été institué héritier, et qu'il n'eût
pu faire adition *jussu domini*, l'*actio furti* devrait
comprendre *etiam pretium hereditatis*. (D., l. 52,
§ 28, *de furtis*.) Ce premier sens une fois écarté,
deux autres interprétations se présentent et par-
tagent la doctrine :

Pour M. de Savigny, Ulpien aurait voulu dire
simplement que, la chose volée venant à diminuer

de prix, il faudra s'attacher à sa valeur au jour du vol, cette valeur étant le *verum pretium*, par opposition à une valeur moindre résultant d'une dépréciation ultérieure dans le prix.

Selon M. Demangeat, le jurisconsulte romain a voulu écarter du calcul les dommages-intérêts indirects, incertains, inappréciables, ne les considérant pas comme constituant un élément du prix qualifié *verum pretium*. Nous croyons devoir adopter cette opinion. On cite à l'appui un texte de Papinien, la loi 80, § 1 *de furtis* au Digeste; et M. Ortolan fait observer que les paroles d'Ulpien reçoivent leur commentaire le plus sûr dans l'hypothèse dont elles sont suivies et pour laquelle elles ont été écrites. Or, dans cette hypothèse qui comprend plusieurs cas, le préjudice éprouvé ne consiste jamais que dans la valeur plus ou moins élevée de la chose volée prise en elle-même et isolément ; il est donc naturel que l'auteur n'ait voulu écarter que ce que nous appelons aujourd'hui dommages indirects.

A l'appui de notre thèse nous avons déjà produit l'exemple d'un esclave institué héritier, volé, et, ainsi, empêché de faire adition en temps utile, et nous avons montré que le voleur doit, outre le prix de l'esclave, la valeur de la succession. Il en est de même, si la chose volée a été promise avec clause pénale : le voleur devra tenir compte à la victime du vol des pénalités encourues pour inexécution de la convention.

Lorsque le vol a pour objet une personne libre,

femme *in manu*, fils *in potestàte*, on tient compte de l'intérêt qu'avait le *paterfamilias* à ce que cette personne ne fût pas déplacée ; ce sera même le seul chef d'estimation, car l'objet même du vol, la personne libre, n'est pas susceptible d'évaluation pécuniaire.

La partie lésée pourra choisir, à son gré, entre le jour du vol et celui de la réparation, le moment qui lui conviendra le mieux pour la détermination des éléments d'évaluation. Elle se placera à l'instant où la chose a pris la plus haute valeur, et où, par conséquent, elle avait le plus haut intérêt à la conserver.

Après que l'action a abouti à une condamnation, le profit ne reste pas toujours à celui à qui il a été adjugé. Ainsi le créancier gagiste imputerait sur sa créance ce qu'il aurait obtenu par l'exercice de l'*actio furti*.

§ III

Action mixte.

Le vol ne nous offre qu'un seul exemple d'une telle action, l'*actio bonorum vi raptorum*, introduite par le préteur pour réprimer d'une manière particulièrement énergique le vol accompagné de violence, appelé *rapina*. Cette action se donne au quadruple, pourvu qu'elle soit intentée dans l'année du délit ; l'année écoulée, elle ne se donne plus qu'au simple.

La *rapina* donne lieu aussi un *judicium publicum* : mais nous n'avons pas à nous en occuper ici.

Émanation de l'*actio furti*, l'*actio vi bonorum raptorum* en suit en général les règles. Elle est donnée, en principe, sous les mêmes conditions et aux mêmes personnes. Elle se distingue de l'*actio furti* par une aggravation de peine que nous avons déjà signalée et par certaines particularités qu'il nous reste à faire connaître.

Tandis que l'*actio furti* est refusée au dépositaire, l'*actio vi bonorum raptorum* lui est, au contraire, accordée. Ulpien s'en explique dans la loi 2, § 24 au Digeste, Liv. 47, T. 8. Le motif de cette différence échappe, il faut accepter la règle sans chercher à l'expliquer.

L'*actio vi bonorum raptorum* est une action mixte, c'est-à-dire *tam rei quam pœnæ persecutoriæ*. Cela signifie que, dans la condamnation au quadruple, à laquelle elle aboutit, se trouve compris, non-seulement la peine, mais encore la juste réparation du préjudice : *In quadruplo inest et rei persecutio, ut pœna tripli sit*. De là cette conséquence qu'une fois intentée, l'*actio vi bonorum raptorum* était exclusive de toute autre action *rei persecutoriæ*.

On a remarqué que notre action n'attribue au demandeur, à titre de peine, qu'une partie des condamnations, tandis que l'*actio furti* permet, au cas de vol manifeste, d'obtenir, au même titre, le quadruple tout entier. Il ne faut pas cependant en conclure que la victime du rapt puisse jamais être moins bien

traitée que celle du *furtum manifestum* ; car le vol
accompagné de violence ne cesse pas d'être un vol
et rien ne s'oppose dès lors à l'emploi de l'*actio
furti*.

L'estimation du *simplum* sera-t-elle faite dans
l'*actio vi bonorum raptorum* comme dans l'*actio
furti ?* Tiendra-t-on compte seulement de la valeur
de la chose ravie, ou y ajoutera-t-on l'estimation de
tout autre préjudice causé à la victime du rapt? Les
commentateurs ne sont pas d'accord à cet égard.
Quant à nous, qui avons vu dans le développement
des chefs de réclamation, auxquels donne lieu l'*actio
furti*, un effet de l'intervention du préteur, nous ne
comprendrions pas que, dans une action due tout
entière à la même intervention et destinée à réprimer
plus efficacement un fait plus grave, on se fût montré
moins rigoureux vis-à-vis du coupable. Nous
croyons donc que, dans les deux actions, l'unité, le
simplum, comprend, outre la valeur de la chose,
celle du dommage causé indirectement à la victime.
Sans doute on peut nous opposer un texte, la loi 2,
§ 13, au Digeste *vi bon. rapt.* (47-8) qui dit positi-
vement que : « In hac actione intra annum utilem
verum pretium rei quadruplatur, non etiam quod
interest. » Mais ce texte prouve trop, puisqu'il vou-
drait dire que c'est aussi le *verum pretium*, c'est-à-
dire la valeur de la chose, qui forme l'unité dans
l'*actio furti*, et nous avons montré, à propos de cette
dernière action, que l'expression *verum pretium* ne
saurait avoir une telle portée. Il ne faut voir dans la

loi précitée qu'une coupure maladroitement faite dans un ouvrage où la phrase avait évidemment un autre sens que celui qu'elle présente isolément. Elle signifiait, sans doute, qu'il n'y a pas lieu de tenir compte de l'intérêt d'affection. Nous persistons donc à penser que sous ce rapport encore notre action doit suivre les règles de l'*actio furti*.

CHAPITRE II.

DU DAMNUM INJURIA DATUM

ou

DE LA LOI AQUILIA

L'équité naturelle exige que celui qui cause à autrui, un dommage, d'une manière quelconque, avec ou
sans intention, soit tenu de le réparer. Nous avons vu,
dans le chapitre précédent, ce que doit être la réparation, lorsque le fait dommageable est un *furtum* ;
nous examinerons dans ce chapitre la même question
à propos des actes de destruction ou de dégradation
qui, quoique non qualifiés vols, nous ont cependant
injustement lésés.

La loi des Douze Tables, après s'être occupée du
furtum, à la fois au point de vue de la culpabilité de
son auteur et du dommage occasionné, n'a pu négliger les autres faits, également dommageables, bien
que non qualifiés vols. Ulpien nous apprend, en effet,
dans la loi première de notre titre, au Digeste, que la
loi Aquilia est venue abroger toutes les lois antérieures
qui s'étaient occupées du dommage causé injustement, la loi des Douze Tables comme les autres. Il y

avait donc d'autres lois ayant réglé déjà les matières sur lesquelles la loi Aquilia allait statuer.

Mais, là se bornent nos renseignements sur cette législation primitive, et nous ignorons comment la loi des Douze Tables et les dispositions qui la complétaient avaient réprimé les faits dont nous avons à parler.

La loi nouvelle, en abrogeant les dispositions antérieures, y substitua un système de pénalité complet. Ce fut l'objet d'un plébiscite voté sur la proposition du tribun *Aquilius*, et la loi elle-même reçut le nom de *lex Aquilia*. Théophile, dans sa paraphrase, en place l'origine à l'époque des dissensions entre les patriciens et les plébéiens et à la suite d'une retraite de ces derniers hors de Rome (*D. liv. 9 t. 2 L. 1*), ce qui, d'après M. Ortolan, devait se rapporter à la troisième retraite sur le mont Janicule, en l'an 468 de Rome. (Explic. Hist. tome Ier, n° 178).

La loi Aquilia, comme les lois qui l'avaient précédée, fit du dommage causé sans droit un délit privé ; le *damnum injuria datum*, donnant lieu à une obligation de l'auteur du fait, au profit de la partie lésée.

SECTION PREMIÈRE

Conditions et éléments du damnum injuria datum

Sous trois chefs ou chapitres différents, correspondant chacun à un ordre de faits particulier, la loi Aquilia détermine la nature du dommage qui constitue le délit prévu et elle y attache une action en indemnité pour en assurer la répression.

Le premier chef s'occupe du cas où un individu a causé un dommage en tuant un esclave ou un animal domestique utile à l'homme. Le texte nous a été conservé dans un fragment de Gaïus, au Digeste, formant la loi 2, § 1 *ad legem Aquiliam,* ainsi conçue :

« Qui servum servamve alienum alienamve, quadrupedem vel pecudem, injuria occiderit, quanti id in eo anno plurimi fuerit, tantum æs dare domino damnatus esto. »

Par ces expressions, *quadrupedem vel pecudem,* la loi entend se référer, non aux quadrupèdes en général, mais, comme nous le dit Gaïus, seulement à ceux qui vivent en troupeaux ; *Quæ pecudem numero sunt et gregatim habentur,* les chevaux, les mulets, les ânes, les bœufs, les brebis, les chèvres, à l'exclusion des animaux sauvages et des chiens. On peut remarquer que les brebis et les chèvres sont les seules qui ne soient pas *res mancipi.* Quand aux

animaux d'origine étrangère, servant de bêtes de
somme, tels que l'éléphant et le chameau que Pirrhus
amena en Italie, ils doivent, à raison des services
qu'ils rendent, être compris dans le premier chef :
« nam, dit Gaïus, et jumentorum operam prestant et
natura eorum fera est ». (D. L. 2 §2 ad leg. Aq.)

Le second chef se réfère, comme le premier, à une
perte totale ; mais, à la différence des deux autres qui
concernent les objets corporels, il n'a trait qu'à certaines choses incorporelles.

Il prévoit le cas tout spécial où l'*adstipulator* fait
périr la créance du stipulant en libérant le *promissor*
par acceptilation. La fraude de l'*adstipulator* était réprimée au moyen d'une action accordée au créancier,
pour tout le préjudice éprouvé : *Quanti ea res esset.*
(D. L. 23, § 9, ad. leg. Aq.)

Sur ce second chapitre, Justinien se borne à dire
qu'il n'est plus en usage : *Caput secundum legis Aquiliæ in usu non est.* (Inst. 6 12 de Leg, Aq.). Que signifiait cette note de Justinien ? quel était ce second
chef tombé en désuétude ? Les auteurs firent de nombreuses conjectures ; aucune ne se trouva exacte,
lorsqu'en 1816, la découverte que Niebuhr fit à Vé-
rone du manuscrit de Gaïus, vint enfin révéler d'une
manière indubitable la vérité scientifique.

L'oubli dans lequel était tombée la disposition re-
lative à l'*adstipulator* s'explique par la disparition de
l'*adstipulatio* elle-même, que les progrès de la législation rendirent inutile ; mais on se rend moins facilement
compte de l'utilité véritable que présenta jamais à cet

égard la loi *Aquilia*. Qu'avait donc à redouter le stipulant de la mauvaise foi de *l'adstipulator* ; n'avait-il pas contre lui *l'actio mandati directa*, à l'effet de se faire indemniser de tout le préjudice que lui aurait causé la libération frauduleuse du débiteur ? Tout ce qu'on peut dire sur l'utilité de la loi *Aquilia* à cet égard, c'est que l'action se donnait au double, *adversus inficiantem*.

Le chef qu'il nous reste à examiner vient compléter les deux autres. Ceux-ci s'occupent, nous venons de le voir, de la perte totale de certaines choses : le troisième prévoit la simple détérioration des choses comprises dans le premier chef; ainsi que les destructions ou détériorations d'objets quelconques. Il s'applique donc notamment aux blessures faites aux esclaves et aux animaux domestiques vivant en troupeaux ; à la perte totale ou partielle de tous les autres animaux comme le chien, le lion, le sanglier, ou enfin de toute chose inanimée matérielle ou immatérielle. Le procédé de destruction employé est indifférent ; qu'on ait brûlé, brisé ou rompu la chose ; qu'on ait incendié ou démoli la maison ; qu'on ait enfin blessé un esclave, un cheval, tué un chien, altéré un acte prouvant une créance, peu importe, on est soumis à l'application du troisième chef.

Bornant l'examen qui va suivre au premier et au troisième chefs, nous devons, à présent, analyser les éléments constitutifs de la responsabilité établie par la loi Aquilia. Ces éléments sont au nombre de quatre :

1° Un dommage, causé à autrui ;

2° L'action d'un corps, sur un autre corps ;

3° L'absence de droit, chez l'auteur du fait ;

4° Enfin, l'imputabilité de ce fait.

I. *Un dommage causé à autrui.* — L'existence d'un dommage est la condition primordiale de toute responsabilité encourue, à l'égard d'une personne déterminée. En droit, où les choses sont considérées sous le rapport de l'utilité qu'elles présentent, le dommage résultera d'actes de dégradation ou de destruction dont l'effet a été de diminuer ou d'anéantir cette utilité. Ainsi, vous avez tué ou blessé l'esclave ou le bétail de quelqu'un, brûlé sa maison, gâté ou répandu son vin, coupé ses récoltes en vert, il y a dommage. Mais si l'esclave vous était dû, le débiteur se trouvant *in mora* ; si la récolte était mûre et bonne à couper, le dommage disparaissant, la loi Aquilia cesse elle-même d'être applicable. (L. 27, § 25, *ad leg. Aq.*) Il en est de même de la castration d'un esclave, si, comme cela arrivait souvent, cette honteuse opération avait été, pour le propriétaire, une cause de lucre ; ainsi encore de la destruction d'un testament contenant un legs conditionnel, ou d'un écrit servant de preuve à une promesse conditionnelle, si la condition ne s'est point réalisée. (L. 40, *ad leg. Aq.*)

Le *damnum* auquel se réfère la loi Aquilia est une *corruptio*, c'est-à-dire une altération, ou destruction de la substance d'un corps. Ainsi le fait de mélanger du sable à du blé ne tombe pas sous le coup de notre loi, tant le principe est rigoureux. (L. 27, § 20, *ad leg. Aq.*) Le fait d'avoir consommé le blé d'autrui ne rentrerait même pas dans les termes de la loi ; nous verrons toutefois qu'il donne lieu à une *actio utilis legis Aquiliæ.* (L. 30, § 2, *ad leg. Aq.*)

II. *L'action d'un corps sur un autre corps.* — Les jurisconsultes romains désignaient cette condition d'une manière expressive en disant que le *damnum* doit avoir été *corpore corpori datum.*

Corpore. — C'est-à-dire, selon l'explication des Institutes : «Si quis præcipue córpore suo damnum dederit.» (§ 16, *de lege Aq.*) Par exemple un individu étrangle votre esclave de ses propres mains, ou lui plonge le poignard dans le corps, lui lance la pierre qui le tue, ou le blesse, lui fait avaler le poison qui va lui donner la mort ou l'affaiblir. Dans toutes ces hypothèses, il y a fait actif, causé *corpore,* partant *damnum legis Aquiliæ.* (D. L. 9, T. 2. L. 7, § 1. *Ad leg. Aq.*)

Nous disons que le fait générateur du délit doit consister dans un acte positif, c'est-à-dire accompli *in committendo.* Nous écartons ainsi de l'application de la loi *Aquilia* tous les faits d'omission ou d'abstention, eussent-ils occasionné un dommage à autrui.

Les faits positifs eux-mêmes, ne rentreront pas tous dans les termes de la loi *Aquilia.* Il est nécessaire que l'agent du délit se soit mis en contact direct ou au moins médiat avec l'objet détruit ou dégradé, que son propre corps ait été l'instrument du dom-

mage, qu'il ait agi, soit en frappant, soit en dirigeant
le trait destructeur. Par conséquent, s'il n'a pas agi
corpore, ou si, ayant agi *corpore*, il n'a fourni que
l'occasion du délit, s'il a seulement fait naître la
cause du dommage, au lieu d'être la cause elle-même,
il est désormais en dehors des termes de la loi. Ainsi,
une personne effraie un cheval qui, dans sa course,
écrase un esclave, ou bien elle occasionne la mort
d'un esclave, en versant du poison dans l'eau qu'il va
boire, elle ne commet pas le *damnum legis Aquiliæ*,
n'ayant pas agi *corpore suo*. De même encore si Titius a enfermé votre esclave dans une cellule, ou
votre troupeau dans un parc, de manière à les laisser
mourir l'un et l'autre de faim, la loi *Aquilia* ne s'applique pas, au moins dans ses termes étroits ; car
l'esclave et le troupeau ont péri, non parce qu'ils ont
été enfermés, mais parce qu'ils ont manqué de nourriture.

Certes, ces distinctions sont d'une subtilité exc025-
sive, et nous eussions préféré appliquer ici l'adage
qui est causa causæ est causa causati. Mais, tout en les
condamnant, en principe, nous devons constater
qu'elles révèlent tout le respect que Rome professait
pour la loi. Nous verrons bientôt du reste comment
la pratique sut s'en affranchir.

La loi Aquilia se gardait d'assimiler le complice
d'un délit à l'auteur principal, comme cela se faisait
au cas de vol ; parce qu'un complice n'agit pas *corpore*
suo. Ainsi, la loi ne s'appliquait pas à celui qui avait
fourni les instruments, ou préparé les moyens d'exé-

cution, qui, par exemple, avait tenu l'esclave pendant qu'un autre le frappait. Ici encore, l'insuffisance de la loi sera corrigée par la pratique, mais le texte restera intact. (L. 7 §§ 1, 2, 6, 7, 9; L. 9 pr., §§ 1, 2, 3; L. 11 §§ 1, 2, 3, *ad leg. Aq.*).

Corpori. — Le fait dommageable devait, en second lieu, avoir porté sur un corps: *Si corpus læsum fuerit.*

Il faut donc qu'un corps ait été atteint, détruit ou dégradé.

Le dommage immatériel qui ne porterait atteinte qu'à la considération, ou au crédit d'une personne ne pourrait donner lieu à l'application de la loi Aquilia. Par exemple, Titius passant près de votre esclave, que vous avez enchaîné, le délie et l'esclave prend la fuite : *nullum corpus læsum*, partant point d'action *legis Aquiliæ*. On remarquera toutefois que si Titius avait délié l'esclave, dans le but de lui permettre de s'enfuir, il serait complice d'un vol et tenu de *l'actio furti*. (Ulp., D. L. 7 § 7, *de dol. malo*, Liv. 4, T. 3).

Citons encore le fait de mélanger du sable à du blé, celui de semer de l'ivraie dans un champ : ils ne sont pas réprimés par *l'actio legis Aquiliæ*, telle que l'établit le texte, parce qu'il n'y a pas dommage causé à un corps : *corpori.*

III. *L'absence de droit chez l'agent de délit.* — Cet élément de la responsabilité *legis Aquiliæ* est exprimé dans le texte par le mot : *injuria*, que Justinien traduit très-exactement par cette expression :

nullo jure, sans droit (Inst., § 2, *de leg. Aq.*). C'est
là, comme le fait observer M. Ortolan, le sens propre
et étymologique du mot, « la seule signification qu'il
faille ici lui donner. »

On n'aura pas à se demander, comme pour le vol,
si le dommage a été commis avec, ou sans volonté de
nuire ; l'intention est ici une circonstance indifférente, par cela seul qu'elle n'est pas requise. Par
conséquent, ajoute le savant et regretté professeur de
la Faculté de Paris : « il faut considérer si l'auteur
du délit a agi dans son droit ou contrairement au
droit, et, par conséquent, *en faute* ». (*Explic. hist.
des Inst.*, n° 1748). Ulpien s'était exprimé dans le
même sens : « Quod non jure factum est, hoc est,
contra jus, id est si culpa quis occiderit. » (*Dig.,*
Liv. 9, T. 2, L. 5 § 1) (1).

Ainsi on se rend coupable de faute, au point de
vue légal, lorsqu'on fait ce que la loi défend, ou qu'on
ne fait pas ce qu'elle ordonne. Observons toutefois,
qu'à raison d'une particularité assez singulière de la
loi Aquilia, les fautes d'abstention ne sauraient rentrer
dans ses termes exprès. Il sera facile d'appliquer ces
principes aux nombreuses situations qui se présentent dans la pratique et que les textes nous ré-

(1) C'est encore, pensons-nous, la signification qu'il convient
de donner en droit français au mot faute, employé par
l'art. 1382 du Code civil. Dans les deux législations, la faute
résulte de l'absence de droit (*injuria: sine jure*), chez l'auteur du
dommage, et nous montrerons à quelles inconséquences on
arrive lorsqu'on s'écarte de ce sens juridique.

vèlent, et nous croyons pouvoir nous dispenser de le faire ici. (*Inst. de leg. Aq.*, §§ 4, 5, 6, 7 et 8 ; *Dig.*, L. 8 et 9 *ad. leg. Aq.*).

Il nous reste à dire seulement quand il y aura faute, c'est-à-dire acte accompli contrairement au droit, ou plutôt sans droit, *non jure factum*. Pour répondre à cette question, il faudrait parcourir la loi positive tout entière. D'une manière générale, on dira qu'il y a faute par cela seul qu'il y a dommage causé à autrui, pourvu que l'acte ne soit pas autorisé ou ordonné par la loi : « Qui suo jure utitur nemini facit injuriam. — Nemo damnum facit nisi qui id facit quod jus non habet. » (Paul D. L. 151 de Reg, Jur.) C'est par application de cette règle que le citoyen romain qui surprend sa femme en flagrant délit d'adultère avec un esclave et tue ce dernier ne commet aucune faute en droit, parceque la loi inhumaine de l'époque autorise ce meurtre. De même encore l'individu qui, menacé dans son existence, tue son agresseur ne commet point de faute, parceque, ici encore, et cette fois avec plus de raison, la loi absout le meurtre.

IV. *L'imputabilité.* — L'imputabilité est la dernière condition dont nous ayions à nous occuper. Imputer un fait à quelqu'un c'est le mettre sur son compte ; afin de tirer des conséquences bonnes ou mauvaises pour cet individu, suivant que l'acte sera lui-même méritoire ou répréhensible. Inutile de dire que le droit ne s'occupe de l'imputabilité que sous ce second rapport, c'est-à-dire qu'autant qu'une res-

ponsabilité doit découler du fait. Le double principe
qui régit cette matière est que le cas fortuit ou de
force majeure ne sont inputables à personne ; tandis
qu'au contraire l'acte émanant d'êtres humains est
imputable à son auteur. Par cas fortuits ou de force
majeure, il faut entendre, d'abord les accidents qui
résultent de l'action des éléments de la nature, ou de
la force armée ; il faut y comprendre aussi les actes
accomplis comme fatalement, sous l'empire de la
violence physique ou morale.

Il suit de là que les actes ne sont imputables à
l'homme qu'autant qu'il les a accomplis dans sa liberté;
or, l'individu privé de raison n'est pas libre, sa
volonté est au service d'une force inintelligente, aveu-
gle, fatale, il ne saurait donc être responsable. Ainsi, le
fou qui cause un dommage n'a rien à s'imputer,
n'ayant rien voulu ; il est aussi complétement irresponsable que l'homme qui est emporté par
l'ouragan où la vague : l'un est le jouet des forces
de la nature ; l'autre, de ses défaillances : il y a
toujours cas fortuit, *casus*, irresponsabilité. C'est
ce qu'exprime Ulpien à l'égard du *furiosus*,
dans la l. 5 § 2, *ad, leg. Aq* : « Et ideo, dit-il, quæri-
mus, si furiosus damnum dederit, an legis Aquiliæ
actio sit ? Et Pegasus negavit « quæ enim in eo culpa
sit, cum suæ mentis non sit ? Cessabit Aquilia ac'io
quemadmodum si quadrupes damnum dederit, aut
si tegula ceciderit.

La décision sera la même pour l'*infans*, incapable
encore de discernement : « Et si infans damnum de-

derit, idem erit dicendum. (D. L. 5, § 2, *in fine. Ad. leg. Aq.*)

SECTION II

Actions nées du damnum injuria datum.

La loi Aquilia n'a introduit qu'une action, l'*actio legis aquiliæ*. Mais les textes en mentionnent deux autres, l'*actio utilis* et l'*actio in factum*, dont le but est d'étendre les effets de la loi Aquilia à des cas qu'elle n'a pas expressément prévus. Par opposition à celles-ci, l'*actio legis aquiliæ* proprement dite a reçu le nom d'*actio directa legis Aquiliæ*.

§ 1er. — *Actio directa legis Aquiliæ.*

Cette action suppose, nous l'avons vu, un *damnum corpore corpori datum*, c'est-à-dire un dommage causé par l'action matérielle d'un corps agissant sur un autre corps.

Elle tend à faire condamner le défendeur à une indemnité représentant le préjudice éprouvé. Ce préjudice est apprécié d'une manière un peu différente dans le premier et dans le troisième chapitre de notre loi. Dans le premier, on tient compte de la plus haute valeur que l'esclave, ou l'animal tué a acquise dans l'*année* précédant le délit : « Quanti id in eo anno plurimi fuerit, tantum æs dare domino damnatus esto. » Dans le troisième, la plus haute valeur se détermine seulement par rapport aux trente jours antérieurs au délit : « Quanti ea res erit, in diebus trigenta proximis, tantum æs domino dare damnatus esto. » On remarquera que ce dernier texte est moins explicite que le premier, puisque l'expression *plurimi* n'y est pas reproduite ; mais les jurisconsultes, considérant que le troisième chef n'est que le complément des deux autres, n'ont pas hésité à lui appliquer le même traitement et Justinien a confirmé cette interprétation.

En quoi consiste cette valeur la plus élevée que l'objet a prise dans l'année, ou dans les trente jours qui ont précédé le délit ? On l'apprécia d'abord uniquement d'après le dommage matériel, c'est-à-dire en ne tenant compte que du prix de la chose détruite ou du montant de la dépréciation qu'elle avait éprouvée. Mais ensuite les jurisconsultes, ou plutôt le préteur, analysant plus exactement les conséquences de l'acte, firent entrer dans l'estimation toutes les pertes même indirectes éprouvées par le propriétaire de la chose. Ainsi, dans le premier chef, le maître dont l'esclave institué héritier a été tué avant l'adition, doit obtenir, non-seulement la plus haute valeur de l'esclave dans l'année, mais encore la valeur de la succession qu'il n'a pu recueillir, par suite de la mort de son esclave. De même, dans le troisième chef, si un cheval faisant partie d'un attelage assorti a été blessé, on fera entrer dans l'estimation, outre la dépréciation subie par le cheval blessé, celle que l'attelage tout entier a éprouvée.

L'estimation devra donc embrasser le plus grand intérêt : (*quanti plurimi*) que la personne lésée avait à ne pas subir le dommage. Mais on ne devra tenir compte que de l'intérêt appréciable en argent, tout autre intérêt d'affection ou de convenance étant exclu.

Il n'est pas nécessaire que cet intérêt existe aucunement au jour où l'action est intentée, il suffit qu'il ait été appréciable auparavant et à un moment quelconque de l'année ou des trente jours. Paul, dans la loi 55 pr., *ad leg., Aq.* nous fournit des exemples à l'appui : J'ai promis à Titius mon esclave Stichus ou mon esclave Pamphile ; le premier vaut dix, le second, vingt. Puis, Titius, créancier de l'un des deux esclaves, a tué Stichus avant de m'avoir mis en demeure de lui livrer, soit Stichus, soit Pamphile. Le montant de mon intérêt sera la valeur non pas de Stichus, mais de Pamphile que je suis tenu de livrer pour exécuter mon obligation contractuelle. Et en effet, ayant la faculté de me libérer en livrant l'un ou l'autre, j'aurais pu, en me plaçant avant le décès de Stichus, payer, avec cet esclave, et Pamphile me restait. C'est donc la valeur de ce dernier, ou vingt que j'obtiendrai de Titius.

Si, dans la même espèce, nous supposons que Pamphile est décédé depuis que Titius a tué Stichus, le montant de mon intérêt sera encore la valeur de

Pamphile, et voici pourquoi : Pour apprécier le
dommage que me cause la mort de Stichus, je puis
me placer à un jour quelconque de l'année écoulée.
Or, en me plaçant au jour même de cette mort, il se
trouve que j'avais un intérêt de vingt à ce que Stichus ne fût pas tué, puisqu'en le livrant je gardais
Pamphile. Il est vrai que cet intérêt va disparaître
dans la suite, se réduire à néant, car les deux esclaves ayant péri sans ma faute, l'un de mort vio-
lente, l'autre de mort naturelle, je me trouve par là
même libéré de mon obligation, aussi complétement
que si j'eusse livré l'esclave tué ; il est vrai dis-je
que l'intérêt s'évanouit par la suite et qu'en réalité la
mort de Stichus ne m'aura causé aucun préjudice ;
mais c'est là un fait postérieur qui ne peut porter
atteinte à un droit acquis et désormais définitivement
entré dans mon patrimoine. La solution serait exactement la même si Pamphile était mort le premier et
que Titius eût ensuite tué Stichus, avant que je fusse
constitué en demeure ; car en me plaçant à une
époque antérieure au meurtre je puis alléguer que,
payant avec Stichus, je gardais Pamphile.

Ces subtilités peuvent nous étonner ; mais elles ne
sont pas rares dans les ouvrages des jurisconsultes
romains, et il n'est pas inutile, à qui veut les éviter,
de commencer par les connaître.

La partie lésée obtient donc, dans tous les cas, au
moins la valeur que présentait l'objet au jour du délit. Dans la limite de cette valeur, l'action tend à la
juste réparation du préjudice, et on peut dire qu'elle

est persécutoire de la chose: *rei persecutoria* ; mais le demandeur peut obtenir plus, si la valeur que la chose perdue ou détériorée a eue dans l'année, ou dans les trente jours écoulés, est supérieure à la valeur actuelle, et, pour cet excédant, l'action cessant de mesurer le préjudice réel, devient une véritable action pénale. Aussi ce double caractère l'a fait classer au nombre des actions à la fois persécutoires et pénales : *rei et pœnœ persecutoria*.

Continuant à nous occuper de l'action directe, en ajournant l'étude des actions construites sur son modèle, nous avons à nous demander qui peut l'intenter ; puis, quelles personnes en sont tenues.

A. Qui eut intenter l'actio directa legis Aquiliœ. — L'*actio directa* compète, d'abord au propriétaire de la chose détruite ou détériorée : « Legis Aquiliœ actio hero compétit, hoc est domino. » (D., l. 2, *ad leg. Aq.*). Nous ne distinguerons même pas, comme nous l'avons fait en parlant de l'*actio furti*, si la chose était en la possession du propriétaire, ou si elle n'y était pas. Elle n'appartient qu'au propriétaire seul, quel que soit l'intérêt des autres personnes qui y prétendraient; car la loi est formelle : « tantum œs dare domino damnas esto. »

Dans l'application, la difficulté consistera donc à rechercher quel est le véritable maître de la chose. Il ne sera pas nécessaire que l'on ait été propriétaire au moment du dommage, il suffira qu'on le soit devenu au jour où l'action est mise en mouvement. (D., l. 43, § 9, *ad leg. Aq.*) Il est certain que la

qualité de propriétaire ne saurait être reconnue ni au
créancier gagiste, ni à l'usufruitier ; par conséquent
ils ne pourront prétendre à l'*actio directa*. Durant la
vacance d'une succession, la chose héréditaire sera
considérée comme appartenant au défunt, par application de la règle *hereditas personam defuncti
sustinet*, qui finit par prévaloir ; en conséquence,
l'héritier qui fera adition trouvera l'*actio directa*, avec
les autres biens, dans l'hérédité par lui recueillie.

Si on suppose que l'esclave héréditaire qui a reçu
la mort avant l'adition d'hérédité était légué *per vin-
dicationem*, l'*actio directa* appartiendra encore à
l'héritier acceptant ; elle ne passera pas au légataire,
par cette raison que l'existence de l'esclave au jour
de l'adition était nécessaire pour qu'il en devînt propriétaire. Que si l'esclave n'a été que blessé, l'héritier sera tenu de céder au légataire l'action trouvée
dans l'hérédité.

Supposons, à présent, que l'esclave légué n'a été
tué qu'après l'adition ; alors, la solution de la question
de propriété, et par suite de la question d'attribution
d'action, devient délicate. Nous rencontrons, en effet,
sur la question de propriété la grande controverse
qui divisa si longtemps les Sabiniens et les Proculiens. On sait que pour les Proculiens, dont l'opinion
prévalut dans un rescrit d'Antonin, le légataire ne
devenait propriétaire que du jour de l'acceptation
qu'il faisait du legs ; par conséquent, dans cette doctrine, l'action Aquilienne ne lui appartiendra que si
son acceptation a précédé le délit.

Les Romains qui proclamaient la propriété du maître sur son esclave, ne croyaient pas qu'on pût considérer l'homme comme propriétaire de son corps! Aussi l'*actio directa* était refusée à celui qui avait été blessé et aux héritiers de l'individu qui avait reçu la mort.

Notre action passe aux héritiers de celui qui l'avait acquise de son vivant, c'est un droit transmissible au même titre que les autres biens.

B. Qui est tenu de l'actio legis Aquiliæ. — Cette action atteint l'auteur du dommage et ses complices. S'il existe plusieurs agents du délit, ou plusieurs complices, chacun est tenu *in solidum*, comme s'il avait agi seul et, ce qui est plus grave encore, le paiement effectué par l'un d'eux ne libère pas les autres. (D., l. 51, § 1, *ad leg. Aq.*) Ainsi, plusieurs personnes ayant fait tomber une poutre sur un esclave et l'ayant écrasé, chacune d'elles est tenue comme si elle avait, seule, occasionné l'accident. On reconnaît là un des caractères des actions pénales. Cependant il semble que, pour être logique, il n'eût fallu admettre cette décision que pour la partie de l'indemnité qui excédait le montant d'une juste réparation du dommage.

Les jurisconsultes apportaient, toutefois, un tempérament à cette extrème rigueur, toutes les fois qu'on pouvait distinguer, dans la détérioration ou destruction de l'objet, la part qui incombait à chacun des coauteurs du délit. En pareil cas, chacun n'était poursuivable que dans la mesure de sa participation au dommage; telle serait l'hypothèse où, deux individus ayant frappé un esclave, l'un aurait occasionné une simple fracture, tandis que l'autre aurait porté le coup mortel : le premier ne serait tenu qu'à raison des blessures, le second, à raison de la mort, de la destruction totale de l'esclave.

L'action Aquilienne se donne *noxaliter*. Le *principium* du titre de Noxal. Act. aux *Institutes* le déclare formellement, et c'est là, du reste, un trait tellement spécial et essentiel aux actions pénales qu'il en est caractéristique.

On ne répond que de sa faute personnelle ; les fautes des autres nous sont étrangères; nous n'encourons aucune responsabilité à leur occasion. Il ne faut voir qu'une explication de ce principe indiscutable dans cette décision de Javolenus, L. 37, *ad leg. Aq.* au Digeste : Si un homme libre, agissant sur l'ordre d'un autre, cause un dommage à autrui, l'action Aquilienne sera donnée contre celui qui a intimé l'ordre, pourvu toutefois qu'il ait eu autorité sur celui qui l'a exécuté, sinon l'action sera donnée contre l'exécutant. C'est encore d'après cette idée que le maître qui laisse commettre un acte dommageable à son esclave est tenu de réparer le préjudice comme s'il l'avait causé lui-même ; parce qu'on n'arrêtant pas un homme qui dépend de lui, il est censé avoir lui-même exécuté l'acte, ou tout au moins l'avoir commandé.

L'*actio legis Aquiliæ* est, comme toute action pénale, inhérente à la personne de l'auteur du délit ;

Ses héritiers ne sont tenus que dans la mesure de leur enrichissement. Cela est sans doute peu équitable, car plus d'une fois des héritiers ont dû s'enrichir au détriment de la partie lésée ; mais il y a là une nouvelle conséquence du caractère pénal de notre action, un résultat qu'il faut constater sans chercher davantage à l'expliquer. Nous ferons remarquer en outre qu'il eût fallu au moins, pour être logique, distinguer deux éléments dans l'indemnité : l'élément purement réparateur et l'élément pénal ; mais avant d'accuser l'époque classique, nous devons dire que, mieux renseignés sur les institutions romaines, nous trouverions peut-être la solution moins irrationnelle. Quoi qu'il en soit, nous croyons que c'est avec raison que notre ancienne jurisprudence et notre droit actuel ont suivi une règle différente.

Signalons une dernière particularité : L'*actio legis Aquiliæ* est donnée au double au cas de dénégation de la part du défendeur : « Adversus inficiantem in duplum actio est. » (G. II, § 1).

Parallèlement à l'action *legis Aquiliæ* peuvent exister d'autres actions résultant d'un contrat civil, comme le gage, le dépôt, le commodat, le louage, la société, lorsque la chose endommagée ou détruite était l'objet d'un de ces contrats. En pareil cas, le propriétaire a le choix entre les deux voies qui lui sont ouvertes : il peut invoquer le délit ou le contrat et exercer en conséquence, soit l'action *legis Aquiliæ*, soit l'action du contrat ; mais le choix de l'une éteint l'autre, du moins jusqu'à concurrence de la moins

avantageuse. (Ortolan, n° 1763. — *Inst. de Just*. L.
34, *oblig. et act*. 44, 7 et 18, *ad leg. Aq*. — De Savigny, p. 222 à 241, 5° vol.)

§ II. *Actio utilis* ou *in factum legis Aquiliæ; actio fictitia*.

Nous abordons un point délicat. Jusqu'à présent
nous avons pris soin d'écarter des différentes hypothèses parcourues tout ce qui pouvait les compli-
quer, et, nous renfermant dans les termes de la loi
Aquilia, nous avons renvoyé, pour les réunir dans une
dissertation spéciale, les cas non prévus par le texte,
mais qui, néanmoins, à raison de l'analogie qu'ils
présentent avec l'espèce sur laquelle le législateur a
statué, ont reçu du préteur une organisation calquée
sur les dispositions de notre loi.

En dehors du dommage causé dans les termes de
la loi, tels que nous les avons définis, nous citerons :

1° Le dommage causé à un corps, sans que l'altération ou destruction résulte directement de l'action
d'un autre corps. C'est le cas où l'auteur du dommage, sans le produire directement, en a fourni cependant l'occasion, en a été la cause occasionnelle.
Par exemple, Titius a enfermé un esclave, ou quelque
bétail, de manière à le faire périr de faim : « Titius
damnum dedit, non præcipue corpore suo, sed alio

modo. L'esclave ou le bétail meurt, comme nous l'avons déjà dit, non parce qu'il a été enfermé ; mais parce qu'il a manqué de nourriture : le dommage, la détérioration ou destruction n'est point due à l'action d'un corps.

2° Le dommage causé à quelqu'un sans qu'aucune personne ou chose lui appartenant ait été directement détruite ou altérée, et sans que l'effet ait été produit par l'action d'un corps. Ainsi, pour citer l'exemple classique, Titius, par compassion, a dégagé de ses fers l'esclave d'autrui pour qu'il pût prendre la liberté. De même que dans l'exemple précédent, le dommage n'a pas été causé par un corps (*corpore*) ; mais de plus, aucun corps n'a été atteint : *nullum corpus læsum fuit.*

Ces deux hypothèses nous apparaissent comme les deux étapes d'une double extension des termes de la loi Aquilia, et on pourrait croire qu'elles ont été réglées par deux procédés différents qui nous offriraient eux-mêmes comme les deux termes du développement que reçut la procédure de la loi Aquilia; M. Ortolan n'hésite même pas à cet égard : « Il faut bien distinguer, dit-il, à l'occasion du dommage causé contrairement au droit (*injuria*) les trois actions différentes dont parle ici le texte :

1° L'action directe *legis Aquiliæ ;*

2 L'action utile *legis Aquiliæ ;*

3° Enfin, l'*actio in factum.*

Et le savant auteur ajoute que, la première répondant au cas d'un dommage causé *corpore* et *corpori* nous l'avons étudiée), la seconde s'appliquerait au dommage causé *corpori, sed non corpore*, enfin la troisième serait réservée au dommage occasionné *nec corpore nec corpori*.

Rien de plus séduisant que cette doctrine, et elle serait facile à justifier, d'après le § 16 *de lege Aquilia*, aux *Institutes* : « Voici en effet ce que nous y lisons : *Cæterum, placuit ita demum directam ex hâc lege actionem esse, si quis præcipue corpore suo damnum dederit ; ideoque in eum qui alio modo damnum dederit, utiles actiones dari solent. Si non corpore damnum datum, neque corpus læsum fuerit, sed alio modo damnum alicui contigerit, cum non sufficiat neque directa, neque utilis Aquilia, placuit eum qui obnoxius fuerit, in factum actione teneri.* » Mais l'interprétation a elle-même ses règles qui nous obligent à considérer la loi dans son ensemble et dans ses dispositions diverses (*totâ lege inspectâ*). Or, en procédant ainsi, il nous semble que le système qui nous est proposé, ne saurait être accepté.

Nous ferons observer, en premier lieu, que dans les deux exemples cités ci-dessus, où le dommage n'a pas été *corpore datum*, les actions que Justinien y applique sous la désignation d'*actio utilis* et d'*actio in factum*, sont toutes les deux conçues *in factum*, c'est-à-dire que l'*intentio* de la formule est *in actum concepta* et que la réussite de la demande dépend, non pas d'une question de droit, mais de la simple constatation d'un fait. Notre démonstration sera bien simple. L'*actio utilis*, qui réalise l'extention d'une règle du droit civil, ne peut être que *ficticia* ou *in factum* ; or la fiction se comprend peu dans les deux exemples qui nous occupent, et, d'ailleurs, si nous devions l'admettre dans le premier exemple, comment pourrions-nous justifier qu'elle eût été rejetée dans le second? Cela serait sans doute peu rationnel en présence de l'analogie que présentent nos deux hypothèses.

Si nous admettons, et il semble difficile de le contester, que l'*actio utilis* est elle-même conçue *in factum*, quoi d'étonnant de la rencontrer dans les textes qualifiée tantôt *actio utilis*, tantôt *actio in factum*. Lorsque les jurisconsultes emploient la première expression, ils s'attachent particulièrement à cette circonstance que notre action procède, comme toutes les actions utiles, d'une *actio directa* qu'elle vient utilement suppléer ; lorsqu'au contraire ils se servent de l'expression *actio in factum*, ils ont en vue la formule de l'action toujours rédigée en fait, conçue *in factum*.

Cette conjecture va prendre, à la lumière des textes, une force véritable :

Qu'on lise, d'une part, la loi 53 *Ad leg. aq.* au Digeste et la l. 9, § 3 du même titre. On verra que dans des espèces où le dommage est causé *non corpore seu corpori*, l'action est qualifiée *in factum*, bien qu'elle constitue, d'après Justinien lui-même, une *actio utilis*, c'est-à-dire imitée de l'*actio directa*. La première de ces lois porte : « Boves alienos in an-

gustum locum coegisti, eoque effectum est ut dejice-
rentur : datur in te, ad exemplum legis Aquiliæ, in
factum actio. » Et la seconde : « Si servum meum
equitantem concitato equo, effeceris in flumen præci-
pitari atque ideo homo perierit in factum esse dandam
actionem Ofilius scribit. »

Qu'on lise, d'autre part, le § 202 du commentaire III
de Gaïus ; on remarquera qu'à l'inverse, dans un cas
où le dommage est causé *nec corpore, nec corpori,*
l'action est dite *actio utilis.* Le jurisconsulte suppose
que par jeu et sans avoir voulu vous associer à un
vol, vous avez effrayé et mis en fuite un troupeau, et
que des voleurs, profitant de la circonstance, s'en
sont emparés. Il est certain qu'il n'y a ni action d'un
corps, ni action sur un corps, et cependant c'est
l'*actio utilis* qui pourrait convenir : « Videbimus, »
dit Gaïus, « an *utilis* Aquiliæ actio dari debeat, cùm
per legem Aquiliam, quæ de damno lata est, etiam
culpa punitatur. » Eh bien, qu'on le remarque, c'est dans
cette même espèce que le rédacteur des *Institutes,*
se borne à déclarer que : *in factum actio dari debet.*
(§ 11 1° al. in fine de Oblig. quæ ex del. nasc.)
Qu'est-ce à dire sinon que dans la pensée des jurisconsultes romains, nos deux expressions *utilis* et *in
factum* pouvaient être prises l'une pour l'autre,
comme indiquant toutes les deux une action calquée
sur l'*actio directa* et soumise aux mêmes règles.

Quant au § 16 des Institutes, nous y constatons, il
est vrai, une opposition entre l'action *utilis* et l'action *in factum,* celle-ci étant réservée pour le cas où

le dommage a été causé, *nec corpore, nec corpori,*
Mais nous serions disposé à adopter l'opinion de
M. de Savigny qui ne voit dans ce passage des
Institutes qu'une *in advertance* des compilateurs
(M. de Savigny, tome 1ᵉʳ § 45, note D).

Cette dissertation n'est pas une vaine querelle de
mots; nous pouvons, à présent, tirer de chacune des
solutions en présence quelques conséquences pratiques.

1° Appliquerons-nous, à notre action, la règle
in duplum crescit adversus inficiantem? non-seulement lorsqu'elle est qualifiée *utilis;* cela ne peut faire
doute pour personne, mais encore lorsqu'elle est
qualifiée *in factum?* Oui, certainement, parce que
nous y voyons toujours une imitation de l'*actio directa,* et qu'il est de règle que ces actions ont la
même force et la même puissance que l'*actio directa*
(*eamdem vim et eamdem potestatem* : D. 1. 47 § 1,
de neg. gestis). — Non, diront nos adversaires, parce
que ce sont les règles générales des actions *in factum* qu'il faut suivre.

2. Cette même action quoique dite *in factum* abou-
tira-t-elle à faire attribuer au demandeur la plus
haute valeur que la chose ait prise dans l'année ou
les trente jours *ante delictum admissum?* Oui, dans
notre doctrine ; non, dans la doctrine contraire, toujours par le même motif.

3° S'il existe plusieurs coupables, poursuivis par
l'action *in factum,* devra-t-on dire que chacun est
tenu *in solidum,* sans que le paiement effectué par l'un

libère les autres? Oui ou non, suivant le parti que l'on prendra dans la controverse.

4° Enfin notre action est-elle pénale et transmissible contre les héritiers? La réponse est toujours subordonnée à la même condition.

Après avoir examiné l'*actio utilis legis Aquiliæ* dans sa formule conçue *in factum*, nous devons la considérer dans sa formule conçue *in jus*. Elle prend alors le nom d'*actio fictitia*.

Le mécanisme des actions fictices en général nous est connu : le préteur se propose toujours pour but d'investir d'une action, un droit prétorien qui en est dépourvu, ou d'étendre hors de leur sphère des actions du droit civil. A cet effet, il délivrait, de son autorité propre, une formule conçue *in jus*, soit en réputant accompli un fait qui ne l'était pas, soit, au contraire, en prêtant une qualité à qui ne l'avait pas, ou réciproquement (§§ 34, 37, 46, Gaïus, C, III).

A l'égard du *damnum in juria datum*, le préteur avait recours à l'*actio fictitia* :

1° Pour attribuer l'*actio legis Aquiliæ* à un pérégrin : on lui supposait la qualité de citoyen, et là était la fiction.

2° Pour protéger ceux qui, sans avoir la propriété de la chose, avaient cependant sur elle des droits réels qu'il importait de faire respecter : on leur donnait fictivement la qualité de propriétaire, exigée par la loi *Aquilia*. C'est ainsi que l'*actio fictitia* était accordée: au créancier gagiste, jusqu'à concurrence de

sa créance, le créancier gardant l'*actio directa* pour
le surplus du dommage ; à l'usufruitier ou à l'usager,
pour le préjudice que lui causait la perte de son droit
réel ; au possesseur de bonne foi, dans la mesure du
préjudice par lui éprouvé.

Terminons sur ce point par une application toute
spéciale de l'*actio utilis*. Nous avons dit que l'*actio
directa* était refusée à l'homme libre qu'une autre
personne avait blessé. Il eût été injuste cependant de
le laisser désarmé et le préteur lui accorda une action utile (L. 13, *pr. ad leg. Aq.*). On discute pour
savoir si cette action utile était rédigée *in jus* ou *in
factum*. M. Demangeat se prononce pour la formule
in factum, parce que, dit-il, il serait bizarre de
feindre, au profit du demandeur, le *dominium mem-
brorum suorum*. (Cours élém. de droit rom., p.
407, 2° vol.).

CHAPITRE III

OBLIGATIONES
QUÆ QUASI EX DELICTO NASCUNTUR.

. Pour caractériser ces obligations, nous dirons qu'elles naissent de faits dommageables et illicites qui, sans rentrer, ni dans la classe des contrats ou quasi-contrats, ni dans celle des délits prévus par le *jus civile*, donnent lieu cependant à une action prétorienne *in factum*.

Ces faits sont, comme les délits, commis avec ou sans intention de nuire, avec ou sans dol. (D. § 7, *ad. leg. Aq.*; *Inst. de oblig. quæ quasi*). Cette similitude a fait dire aux jurisconsultes romains qu'en pareil cas l'action naît *quasi ex delicto*, ou, dans le langage des commentateurs modernes, d'un quasi-délit.

Nous avons déjà montré que cette dernière expression rend fort mal l'idée romaine, nous l'emploierons cependant *brevitatis causa ;* mais en nous gardant, lorsque nous la rencontrerons en droit français, d'y attacher la signification qu'elle reçoit ici.

A la différence des délits, les quasi-délits ne sont pas pourvus chacun d'une action propre, ayant un nom particulier, des règles spéciales : l'*actio in factum* suffit à tous.

Nous ne nous proposons pas d'étudier en détail tous les quasi-délits ; nous voulons seulement rechercher les principes généraux et les règles d'ensemble, et, nous renfermant dans l'objet de cette thèse, nous écarterons tous les cas où l'action est donnée contre une autre personne que l'auteur même de l'acte dommageable.

Les *Institutes* nous fournissent plusieurs exemples de quasi-délits au sens romain.

Au premier rang se place le fait du juge qui, par iniquité, fait succomber un plaideur ; on dit que le juge fait le procès sien : *litem suam facit*. Ce quasi-délit a survécu à la société romaine pour arriver, en traversant le moyen âge, jusqu'à nos temps modernes, et il constitue aujourd'hui une voie de recours connue sous le nom de *prise à partie*. Il serait intéressant de montrer ce que fut, au moyen âge, cette prise à partie ; comment le juge pouvait être provoqué par la partie, et entraîné dans un duel où l'un des adversaires devait succomber ; la victoire, qu'on appelait le jugement de Dieu, devant décider de la sincérité et de la validité de la sentence. Mais notre cadre ne nous permet pas une telle investigation.

A Rome, la partie qui a à se plaindre d'une sentence inique reçoit du préteur une *actio in factum*, pour obtenir du juge la réparation du dommage éprouvé. C'est après la délivrance de cette formule qu'il devient vrai de dire que le juge fait le procès sien : *tum judex item suam facere intelligitur*, ce qui veut dire que, dès lors, la voie du recours est ouverte contre l'auteur de la fausse sentence.

Le juge de cette action a pour devoir de rechercher d'abord si la première sentence est inique, contraire au droit, et, dans l'affirmative, de condamner le défendeur au montant du litige qui faisait l'objet du premier procès : *Ut veram æstimationem litis præstare cogatur* (D., Ulp., liv. 5, t. I, l. 15, § 1). Ainsi le juge fait le procès sien en ce sens qu'il prend, dans les condamnations, la place de la partie à laquelle il a injustement donné gain de cause. Il y a plus, car le juge de l'action est autorisé à faire lui-même l'estimation et, par suite, le défendeur sera condamné *in quantum de ea re æquum religioni judicantis videbitur*.

Le juge rend une sentence inique, lorsque, agissant par faveur, inimitié ou corruption, il rend la justice en fraude de la loi : « *Si evidens arguatur ejus vel gratia, vel inimicitia, vel etiam sordes* (D., Ulp. 5, 1, l. 15, § 1), » Selon Gaïus, dont l'opinion est reproduite par les *Institutes*, il suffit même que le juge ait fait preuve d'ignorance : *licet per imprudentiam* (D., liv. 50, t. 6) ; ou qu'il ait condamné le défendeur à une somme supérieure ou inférieure à celle que fixait impérativement la formule, ou enfin à une somme supérieure au maximum, dans une formule *incerta*.

Notre action *in factum* ne supposait pas d'échéance de la voie de l'appel ; elle était accordée bien que l'appel fût possible ; elle était encore donnée au cas où la sentence tombait d'elle-même comme rendue en violation de l'honnêteté ou de la loi (Code 7, 64, 7, D. 49, l. 8, § 2). Dans toutes ces hypothèses on peut trouver pour la partie lésée par la sentence, un intérêt à agir contre le juge ; ainsi, l'adversaire au premier procès est devenu insolvable, ou, la prescription, continuant à courir, est définitivement acquise.

Un deuxième quasi-délit, que nous avons déjà rencontré en nous occupant du vol est le fait d'un individu qui a corrompu l'esclave d'autrui, qui l'a dégradé au point de vue moral en l'excitant à la débauche, en l'exhortant à s'enfuir de la maison du maître, à négliger son travail ou ses fonctions. Le texte de l'édit du préteur statue en ces termes : « Si quelqu'un est convaincu d'avoir, à mauvais dessein, retiré chez lui l'esclave d'autrui, ou de lui avoir persuadé quelque chose qui pût le détériorer, je donnerai contre lui une action pour le double du dommage que cela aura causé. »

Nous retrouvons ici la controverse élevée à propos du vol : on se demande si la tentative de corruption d'un esclave devait être assimilée à la corruption même, et punie comme telle. Justinien fit cesser le débat, ici comme au cas de vol, en sanctionnant la doctrine de l'affirmative.

On remarquera qu'il résulte des termes de l'édit

que l'intention est ici essentielle et que la faute ne suffit pas pour constituer le quasi-délit de corruption d'esclave.

L'unité, le *simplum*, qui doit être doublé, d'après l'édit, c'est le montant de tout le dommage que la corruption de l'esclave a occasionnée à son maître et nous savons ce qu'il faut entendre par là. Il faudrait se garder de croire cependant que le corrupteur fût responsable de toutes les mauvaises actions que l'esclave commettra dans la suite, à partir de l'acte de corruption : il n'en est rien ; l'estimation ne comprendra jamais que le préjudice causé au moment où la corruption s'est opérée.

L'action *in factum servi corrupti* est considérée comme pénale : en réalité elle ne l'est que pour moitié.

CHAPITRE IV

CONCOURS DES ACTIONS ENTRE ELLES.

Les actions réparatrices, pénales ou mixtes, que nous venons d'étudier, peuvent se trouver en concours soit avec d'autres actions, soit entre elles ; nous pourrons donc avoir :

1° Le concours des actions réparatrices et des actions pénales, nées d'un délit ou quasi-délit, avec les actions résultant des contrats; par exemple, la chose donnée en gage a été volée, l'esclave prêté a reçu une blessure ;

2° Le concours entre les mêmes actions réparatrices ou pénales et les actions criminelles dérivant d'un même fait. Tel est le cas du vol avec violence qui engendre, outre les actions du vol, une action criminelle *de vi publica seu privata* ; tel est aussi le cas de meurtre, où naissent une *actio legis Aquiliæ* et une *actio criminalis legis Corneliæ* ; tel est aussi le cas de viol où se rencontrent l'*actio injuriæ* et l'*actio criminalis legis Corneliæ*;

3° Enfin, le concours des actions réparatrices ou des actions pénales entre elles, comme cela arrive dans le cas de vol accompagné de violence, qui engendre une *rei vindicatio*, la *condictio furtiva*, une *actio furti*, et enfin une *actio vi bonorum raptorum*; comme cela a lieu encore si un meurtre a été commis sur la personne d'un esclave, par plusieurs individus agissant en même temps, ou si des blessures lui ont été faites à des moments différents; comme cela arrive enfin au cas de violence exercé sur un homme libre, cet homme recevant une *actio legis Aquiliæ utilis* et une *actio injuriæ*.

Il est de principe qu'il ne peut être question de concours entre deux actions qu'autant qu'elles tendent au même but et qu'elles doivent aboutir aux mêmes condamnations : « Quotiens concurrunt plures actiones ejusdem rei nomine una quis experiri debet. »

Ainsi, sommes-nous en présence d'une action réparatrice née d'un délit ou quasi-délit et d'une action née d'un contrat, laquelle sera toujours réparatrice (ou d'une *rei vindicatio*), elles tendent toutes les deux au même but, à la réparation du préjudice; par conséquent, l'exercice de l'une emporte déchéance à l'égard de l'autre; si, par exemple, la chose donnée en gage est volée, le créancier gagiste qui exerce l'*actio pigneratitia* est censé renoncer à la *condictio furtiva* et celle-ci se trouve éteinte, car

non bis in idem. Ce *non bis in idem* nous donne lui-
même la mesure de notre règle, à savoir, que si les
actions réparatrices ne concluent pas à la même indemnité, la plus avantageuse sera éteinte par l'exercice de l'autre seulement jusqu'à concurrence de
celle-ci. Ce tempérament apporté au principe posé
en commençant semble avoir été dans la pensée des
jurisconsultes romains; plus d'une fois leurs écrits
en portent l'empreinte, et on peut consulter au Digeste les lois 18, liv. 9, T. 2. — 27, § 11 Id. —
7, § 1, Liv. 12. T. 6. — 34, § 2, Liv. 44. T. 7.

On peut aussi supposer le concours de plusieurs
actions réparatrices résultant du même délit, par
exemple, un vol a été commis par plusieurs : la *condictio furtiva* existe contre chacun des coupables;
mais elle ne peut être exercée qu'une seule fois. Il
en serait de même encore si la chose avait été volée
successivement plusieurs fois.

Tout au contraire, si une action pénale coexiste
avec une action contractuelle, l'exercice de l'une ne
consomme jamais l'autre (D., l. 54, § 2, *de furtis*),
le but poursuivi étant différent, là une peine, ici
une indemnité réparatrice.

Il arrive fréquemment qu'un fait illicite et dommageable ouvre, en même temps qu'une action criminelle, une action réparatrice *quæ ad rem pertinet*, ou
une action pénale privée. On distinguera donc à cet
égard deux cas :

Premier cas. — Concours entre l'action criminelle
et l'action réparatrice. L'exercice de l'une n'éteint

pas l'autre, leur but étant différent. Ulpien s'en explique dans la loi 23, § 9, *ad. leg. Aq.* Il dit que si le maître d'un esclave assassiné exerce l'action de la loi Aquilia, cela ne l'empêche pas d'intenter cumulativement le *Judicium publicum Corneliæ* : « Si dolo servus occisus sit lege Cornelia agere dominum posse constat etsi lege Aquilia egerit, præjudicium fieri Corneliæ non debet. »

Deuxième cas. — Concours entre l'action criminelle et l'action pénale privée. Les deux actions ont ici le même but, la poursuite d'une peine consistant, soit dans une privation de biens, soit dans la privation de la vie, ou de la liberté. Par conséquent l'exercice de l'une des actions éteint l'autre. C'est dans cet esprit qu'est conçue la loi 6, *de injuriis* : Paul, après avoir reconnu à la victime d'une injure la faculté d'agir, soit par action privée, soit par action publique, ajoute : « Plane si actum sit plublico judicio, denegandum est privatum : similiter ex diverso. » Le motif est toujours le même : la poursuite d'un but identique consistant dans une condamnation soit publique, soit privée. Il y a cependant, paraît-il, une exception pour les délits imputés aux publicains, et toutes les actions pénales peuvent être cumulées. (D., L. 9, § 5, liv. 39, tit. 4.)

La loi *Aquilia* a été, au point de vue qui nous occupe, l'occasion de difficultés particulières, nous lui devons une attention spéciale.

En principe, l'*actio legis Aquiliæ* est réparatrice, puisqu'elle tend à remettre un patrimoine en état.

Elle devrait donc subir la règle du concours et s'é-
teindre, dans tous les cas, dès qu'elle a été exercée une
première fois. Or, nous avons vu, au contraire, qu'elle
peut être intentée autant de fois qu'il y a de coupables
ou d'entreprises différentes sur la même personne, ou
la même chose. Ainsi, plusieurs individus ont attaqué
un esclave, l'ont battu et la mort en est résultée, sans
qu'on pût savoir de qui est venu le coup mortel :
tous sont passibles de l'*actio legis Aquiliæ* et la condamnation prononcée contre l'un, pour tout l'intérêt
qu'avait le maître, ne libérera pas les autres (lois 51
§ 1 et 11 § 2, liv. 9, t. 2). Cette anomalie s'explique,
comme nous l'avons vu, de la manière suivante : la
victime du dommage peut se placer à une époque
quelconque de l'année, ou des trente jours qui précèdent le fait illicite et dommageable ; les choses se
passent donc comme si, plusieurs délits ayant été
commis sur des esclaves différents, les actions réparatrices s'exerçaient en toute indépendance.

Nous terminons par l'examen du concours entre
plusieurs actions pénales nées, soit de différents actes
illicites, commis sur la même chose, soit d'un seul
et même fait illicite.

Ces actions se cumulent-elles en tout ou en partie,
ou bien l'exercice de l'une éteint-il absolument les
autres ?

Question ardue, qui a divisé les jurisconsultes romains eux-mêmes, et dont nous ne pouvons que donner
une idée.

Premier système.—C'est le plus ancien. Modestin

6

nous en révèle l'existence dans la loi 53 *pr. de oblig. et act. au Digeste,* ainsi conçue : « Plura delicta in una re plures admittunt actiones. Sed non posse omnibus uti probatum est ; nam si ex una obligatione plures actiones nascuntur, una tantummodo, non omnibus, utendi. » Ainsi le jurisconsulte n'admet pas le cumul entre actions pénales ; les voleurs ne peuvent s'en plaindre, mais nous verrons que la logique y perd ses droits.

Deuxième système. — C'est celui de Paul. On fait ici un pas vers le cumul pour l'admettre, non en totalité, mais jusqu'à concurrence de la peine la plus forte (L. 34, *pr. de oblig. et act.*). Ainsi, dans l'espèce classique où des arbres ont été coupés, si le propriétaire obtient par l'exercice de l'*actio legis Aquiliæ* une réparation simple, il pourra encore recourir à l'*actio arborum furtim cæsarum,* donnée au double du dommage, pour obtenir tout l'avantage que présente la seconde action sur la première. (D., Liv. 47, T. 7, L. 1 et 11).

Il ne faudrait pas voir une contradiction à cette doctrine dans la loi 2 § 1 *de tutel. et rat.* au Digeste, où le même jurisconsulte décide que si le tuteur a, pendant son administration, soustrait la chose du pupille, ce dernier pourra exercer cumulativement l'*actio rationibus distrahendis in duplum* et l'*actio furti*; car, paraît-il, les anciens jurisconsultes traitaient la première de ces actions comme action pénale.

Troisième système. — Papinien, Ulpien, Hermogénien et la plupart des jurisconsultes romains admettent le cumul des actions pénales. L'exercice de l'une est indifférent à l'autre qui garde, après comme avant, sa force et son efficacité. Voici comment s'exprime Papinien dans la loi 6 pr. *ad. leg. Juliam de adulteriis*: « Nec erit deneganda prætoria quoque actio de servo corrupto, nec propter plures actiones parcendum erit in hujusmodi crimine reo. » On voit que le jurisconsulte motive sa décision uniquement sur la gravité du fait, le viol d'une femme esclave, et on pourrait, si ce texte était seul, le traiter comme une décision d'espèce, et par suite en contester la portée ; mais Ulpien se prononce catégoriquement dans le même sens, loi 11 § 2 *de servo corrupto*, en accordant cumulativement, l'*actio furti* et l'*actio servi corrupti*. On peut encore consulter les textes suivants du même jurisconsulte : 1° La loi 10 *de oblig. et act.*, où il enseigne que jamais, dans les actions pénales, l'exercice de l'une d'elles n'éteint l'autre : « Nunquam actiones pœnales de eadem pecunia concurrentes alia aliam consumit. » 2° La loi 130 *de Reg. Jur.* : « Nunquam actiones præsertim pœnales de eadem re concurrentes alia aliam consumit. Ces mots *præsertim pœnales* ne veulent pas dire qu'Ulpien admet le concours dans les actions réparatrices, il fait seulement allusion à ce qu'il a dit L. 2 § 3, *de privatis delictis*, de la *condictio furtiva*, qui peut être exercée après la *rei vindicatio*, pour le surplus.

Enfin Hermogémen, l. 32, *de oblig. et act.*, nous apprend que cette troisième opinion a fini par prévaloir parmi les jurisconsultes, et c'est elle en effet que consacrent les *Institutes* au t. Ier, § 8 du livre IV.

Aucun de ces systèmes n'est exempt de reproches. Le premier laisse des faits illicites sans répression et des coupables impunis ; il permet à la partie offensée de choisir, parmi les coupables, celui qu'elle veut atteindre de préférence aux autres ; enfin, si la même personne a commis plusieurs délits, on ne pourra l'atteindre que pour un seul.

Le second système présente à peu près les mêmes inconvénients, car dans ses résultats elle ne diffère que bien peu du premier.

Quant au dernier, il serait logique si les peines pécuniaires du droit romain étaient des peines proprement dites; car elle permettrait d'atteindre chaque coupable sans qu'il en résultât pour le demandeur un enrichissement injustifiable ; mais ces peines pécuniaires vont grossir le patrimoine de la partie lésée, au-delà du préjudice éprouvé, ce qui est injuste.

Notre législation moderne, en séparant complètement la peine de la réparation, pour attribuer l'une à l'État, l'autre à la partie lésée, a réalisé sur le droit romain une amélioration incontestable. C'est ainsi que les sociétés profitent des enseignements du passé et marchent dans la voie du progrès.

DROIT FRANÇAIS

Nous venons de voir comment les jurisconsultes
romains surent analyser le fait complexe de la responsabilité, le séparant en deux éléments : l'un pénal,
l'autre civil. La distinction a passé dans la législation
française, et notre droit actuel soumet à des règles
différentes, la responsabilité pénale et la responsabilité civile.

La première, qui résulte d'une atteinte envers la société, fait l'objet de la loi criminelle.

La seconde, qui a sa source dans une atteinte à
un intérêt privé, est réglementée par le droit civil.

Souvent ces responsabilités sont séparées, souvent aussi on les rencontre à propos du même fait ;
mais, dans un cas comme dans l'autre, elles dif-
fèrent autant dans leurs effets que dans leur caractère.

Nous pouvons donc dire que la responsabilité civile est encourue à raison des actes qui, incriminés

où non par la loi pénale, constituent une atteinte à l'intérêt privé.

La théorie de la loi sur l'importante question de la responsabilité civile, à raison d'un fait personnel, est résumée dans deux articles du Code civil, ainsi conçus :

Art. 1382 : « Tout fait quelconque de l'homme, qui cause à autrui un dommage, oblige celui par la faute duquel il est arrivé à le réparer. »

Art. 1383 : « Chacun est responsable du dommage qu'il a causé non-seulement par son fait, mais encore par sa négligence ou par son imprudence. »

Le législateur n'ajoute rien de plus, les dispositions qui suivent se rapportant aux actes non personnels; il s'est borné à poser le principe, laissant à la doctrine et à la jurisprudence le soin de féconder son œuvre ; c'est ce qu'ont fait les auteurs et les tribunaux, et ils offrent aujourd'hui un ensemble de règles, complément naturel et indispensable des dispositions législatives.

Ce sont ces dispositions et leurs développements pratiques qui formeront le thème de l'étude qui va suivre. Nous la diviserons en trois chapitres, traitant, dans le premier, des éléments de la responsabilité ; dans le second, de la nature et de l'étendue de cette responsabilité; enfin, dans le troisième, de l'action en dommages-intérêts.

CHAPITRE PREMIER.

ÉLÉMENTS DE LA RESPONSABILITÉ CIVILE.

Les éléments de la responsabilité civile sont, avons-nous dit, mentionnés dans les articles 1382 et 1383. Ils consistent 1° en un fait dommageable pour autrui, et 2° en une faute chez l'auteur du dommage.

SECTION PREMIÈRE.

Un fait dommageable.

La condition d'un fait dommageable en contient elle-même deux, le fait et le dommage.

I. *Un fait.* — L'art. 1382 vise : « Tout fait quelconque de l'homme... », ce qui comprend évidemment toutes actions ou actes positifs, considérés comme cause d'événements extérieurs ; mais doit-on comprendre sous la même expression les faits négatifs ou d'inaction ? La plupart des auteurs n'hésitent pas à le faire, et l'on conviendra que le texte de l'article 1382 autoriserait, à lui seul, cette interprétation;

mais si nous considérons que l'article suivant renferme une opposition formelle entre le fait ou acte positif et la négligence, fait négatif ou d'omission, nous serons porté à penser qu'en le rédigeant le législateur a eu en vue particulièrement les faits d'inaction. Nous laissons ainsi à chaque article son utilité propre et nous évitons cette conséquence toujours fâcheuse de rayer, comme superflu, un article de la loi. Nous ne voulons pas du reste insister davantage sur cette question qui nous paraît n'avoir aucun intérêt pratique.

Les faits positifs ou négatifs qui peuvent ainsi, suivant les circonstances, engager notre responsabilité, au point de vue des réparations civiles, varient à l'infini, puisqu'ils embrassent toutes les manifestations extérieures de la vie humaine et quelquefois les abstentions elles-mêmes.

Le Code civil les divise en deux grandes classes, les délits et les quasi-délits (V° la rubrique des art. 1382 et s.). Nous avons déjà annoncé que ces mots n'ont pas ici la signification qu'ils présentaient en droit romain.

Ils doivent, dans notre droit civil, recevoir le sens que leur donnait déjà Pothier à qui ils ont été empruntés; or voici comment s'exprime l'illustre auteur, au n° 116 de son traité des obligations.

« On appelle délit le fait par lequel une personne, par dol ou malignité, cause du dommage ou quelque tort à un autre. Le quasi-délit est le fait par lequel une personne sans malignité, mais par une imprudence qui n'est pas excusable cause quelque tort à un autre. »

Ainsi, le délit est caractérisé par l'intention de nuire, par le dol ; le quasi-délit, par une simple faute exempte de toute intention mauvaise.

Cette nomenclature a, il faut le reconnaître, un fondement très-rationnel ; mais elle nous semble purement théorique, puisque, comme nous le verrons, les règles de la responsabilité civile sont les mêmes, qu'il s'agisse d'un acte intentionnel ou d'un acte non intentionnel. Aussi le législateur de 1804 l'a-t-il lui-même abandonnée aussitôt que posée.

Le délit du droit civil, quoique caractérisé par l'intention coupable de son auteur, ne correspond pas néanmoins exactement au délit pénal. Celui-ci, entendu dans son sens le plus large, c'est-à-dire comprenant les crimes, les délits et les contraventions, est le fait intentionnel ou non que le Code pénal prévoit et punit d'une peine criminelle, correctionnelle ou de simple police. Au contraire le délit civil ne comprend que des faits intentionnels, mais il les comprend alors même qu'ils ne seraient pas réprimés par la loi pénale.

En résumé donc, pour savoir si tel fait constitue un délit pénal, ouvrez le Code pénal ; et pour savoir s'il constitue un délit civil, attachez-vous à l'intention de l'auteur du fait. Ainsi, l'homicide par imprudence, que l'art. 319 du Code pénal frappe de peines correctionnelles, et qui par conséquent est un délit pénal n'est cependant, au civil, qu'un quasi-délit ; parce que l'inten-

tion coupable ne s'y rencontre pas; à l'inverse, le stel-
lionnat dont l'art. 2059 du Code civil fait un délit civil,
n'est l'objet d'aucune pénalité, ce n'est pas un délit
pénal ; le crime lui-même, s'il n'a occasionné aucun
dommage privé, telle qu'une tentative de meurtre,
n'aura, en droit civil, ni le caractère d'un délit, ni
même celui d'un quasi-délit. L'homicide par imprudence, qui constitue un délit correctionnel, n'est
au civil qu'un quasi-délit.

II. *Un dommage causé à autrui.* — L'intérêt est la
mesure des actions ; ce grand principe de droit ne
trouve nulle part une application plus directe que
dans notre sujet. C'est le dommage qui fait naître,
à la charge de celui qui l'a occasionné, l'obligation
de le réparer. Les Romains disaient, très-exactement, que cette obligation naît *re,* c'est-à-dire par la
chose, par le dommage. Le simple fait non dommageable peut constituer une infraction à la morale, à
la religion, aux dispositions pénales; et il sera jus-
ticiable de la conscience, de loi religieuse, ou de la
loi criminelle ; il ne fera encourir cependant aucune
responsabilité civile et n'autorisera pas l'exercice de
l'action en dommages-intérêts. Le dommage est
donc un élément essentiel et comme la condition
primordiale de la responsabilité civile, et cela
résulte des principes généraux non moins que de
l'art. 1382. (C. Cass., 24 déc. 1855, D., 56-1-66).

Mais, quand dira-t-on que les conséquences d'un
fait constituent le dommage exigé par l'art. 1382?

Cette question est plus délicate et elle nécessite quelques développements.

Lorsque le préjudice consistera dans une atteinte physique à une personne où à la chose d'autrui, on sera nécessairement dans les termes de la loi ; mais il n'est pas moins évident que cette matérialité du dommage qu'exigeait la loi Aquilia n'est plus requise aujourd'hui ; les art. 1382 et 1383 ont une portée beaucoup plus étendue, et un dommage moral pourra suffire pour engendrer la responsabilité. Il ne peut y avoir aucune hésitation si au dommage moral se joint un dommage matériel, tel serait le cas du meurtre d'un père ou d'un fils qui était l'unique soutien de sa famille ; mais on a émis des doutes au cas où le préjudice est purement moral, si par exemple le meurtre est tombé sur un vieillard ou un enfant infirmes qu'il fallait nourrir. Selon M. Dupin ce serait méconnaître la morale du droit que de mettre l'argent à la place des affections, à la place de l'honneur ; mais on a répondu avec raison que si la réparation pécuniaire ne saurait être considérée comme le prix de la douleur, elle offre au moins aux regrets et à la souffrance une compensation qu'il ne faut pas dédaigner. (Cass. 5 juin 1829, D. 1-263.) Le juge devra du reste s'imposer en cette matière une extrême réserve et ne pas considérer comme un véritable dommage une simple atteinte portée aux goûts, aux habitudes, ou aux fantaisies d'une personne ; car il n'y a là qu'une de ces mille contrariétés, qu'un de ces légers froissements de la vie en

société, que la délicatesse diminue et que la bien-
veillance aide à supporter. Ne pas s'arrêter à temps,
serait demander au juge d'évaluer le caprice et les
susceptibilités de chacun de nous, ce qui serait
absurde.

Le préjudice moral, de même que le préjudice matériel, devra être personnel à celui qui demande à en
être indemnisé ; toutefois, le préjudice moral, par sa
nature, s'étend plus facilement d'une personne à une
autre, à raison d'un lien de famille ou de subordination : ainsi le déshonneur jeté sur la femme atteindra
d'ordinaire le mari, l'injure faite au père pourra
frapper indirectement le fils : ce préjudice quasi-personnel suffit pour constituer un dommage. En général, au contraire, l'offense faite à un mineur ou à une
corporation ne rejaillira ni sur le tuteur, ni sur les
membres de la corporation pris individuellement.
Ajoutons qu'il a été jugé que l'outrage fait à la mé-
moire d'un mort pouvait constituer un dommage pour
la famille et autoriser celle-ci à demander réparation.

On voit que dans plusieurs des hypothèses ci-dessus le dommage n'est que quasi-personnel. Nous po-
sons donc en principe, et sauf l'appréciation des circonstances, qu'un tel dommage suffit pour l'application
de la responsabilité.

Le dommage, qu'il soit matériel ou moral, personnel ou quasi-personnel, doit être certain et
actuel. Le dommage est certain lorsque ses éléments
sont susceptibles d'évaluation, lorsque la preuve
peut en être administrée. Il est actuel lorsqu'il pré—

cède la réclamation de la partie qui se prétend lésée.
Le dommage futur, éventuel, bien qu'il puisse être
prévu avec une certaine probabilité, ne peut engendrer une obligation qui, comme nous l'avons dit, a
pour principe et pour cause le dommage lui-même.
La Cour de cassation ne va pas cependant jusqu'à
exiger que le dommage soit dès à présent manifesté,
elle se contente d'un dommage reconnu prochain,
inévitable (arrêt du 29 mai 1850).

Il faut en outre que le dommage ait porté atteinte
un droit acquis. Ce sont les droits acquis qui com-
sent le patrimoine d'une personne, les simples
pérances ou expectatives y sont étrangères. Il en
ésulte très logiquement qu'il n'y a dommage, c'est-
à-dire diminution du patrimoine d'autrui, qu'autant
qu'un de ces droits a été diminué ou anéanti.

Il ne suffirait donc pas d'invoquer la violation
d'une obligation que la loi imposait dans un intérêt
général étranger au demandeur, parce qu'il n'y aurait pas, pour lui, droit acquis à exiger l'observation
d'une disposition qui n'a pas été établie spécialement
à son profit.

La jurisprudence a plus d'une fois adopté cette solution. La question s'est présentée en 1854 devant
la Cour d'Agen, à l'occasion de la disposition de
l'art. 12 d'un arrêté du 1er prairial an vii, faisant défense aux maîtres de poste d'exercer l'état de loueurs
de chevaux. Le but de l'article, ainsi que le constate
la Cour, était d'assurer à la poste un service mieux
fait et plus sûr au moyen de chevaux affectés à un

usage unique ; et il était évident que l'administration n'avait pas voulu stipuler pour des tiers et instituer à leur profit une sorte de privilége à l'encontre des maîtres de poste. Le principe de liberté et de libre concurrence restait donc intact. Aussi la Cour décida que les tiers, dans l'espèce des voituriers, ne sauraient être fondés à réclamer des dommages-intérêts contre un maître de poste à raison de ce que celui-ci, en louant à des particuliers des chevaux et des voitures en service d'occasion, leur aurait fait, en violation d'un règlement, une concurrence préjudiciable. (Agen, 7 août 1854. D. P. 1856-2-172.)

En 1834, la Cour de cassation avait jugé dans le même sens. La chambre syndicale des courtiers de commerce avait émis la prétention de se porter partie civile, sur les poursuites dirigées contre un de ses membres pour infraction aux règles de la profession. Elle alléguait qu'aux termes des lois organiques de son institution elle était chargée de représenter les intérêts de la compagnie tout entière, que les actes qui motivaient la poursuite étaient contraires à ces intérêts et qu'en conséquence un dédommagement lui était dû. Si en effet il y eût eu droit acquis, la prétention de la chambre eut été justifiable ; mais la Cour de cassation, adoptant l'opinion des juges du fond, décida qu'en réalité il n'y avait pas, dans les faits, atteinte portée à un droit acquis et qu'en conséquence l'action n'était pas recevable. (Cass., 29 août 1834, D., 1, 413.)

On déciderait à plus forte raison que les individus

appartenant à une profession libérale dépourvue de
toute organisation syndicale ne peuvent se plaindre
dans des circonstances analogues. Ils seraient non
recevables à réclamer une réparation quelconque à
raison des attaques dirigées contre la corporation
d'une manière générale, et sans que personne soit
désigné individuellement. (Tribunal de la Seine,
9 juillet 1862, D., 62, 3, 64.)

Les professions privilégiées attribuent à leurs ti-
tulaires certaines prérogatives qui constituent de
véritables droits acquis que l'on peut défendre contre
ceux qui y portent atteinte. On devra donc, en vertu
de cette considération, protéger le privilége à l'encontre de ceux qui exercent illégalement la même
profession. Ainsi les pharmaciens ont reçu, de la loi
du 21 germinal an XII, un privilége exclusif pour la
vente des remèdes ; il en résulte pour eux le droit
de défendre ce privilége contre des concurrents sans
titre, et, lorsque ces concurrents leur ont occasionné
un préjudice appréciable, ils peuvent en demander
la réparation. On remarquera en effet qu'ici, outre
l'intérêt public qui a conduit le législateur à régle-
menter l'exercice de la pharmacie et à autoriser des
poursuites d'office par le ministère public, il existe
un intérêt privé très-respectable. Le privilége exclusif des pharmaciens reçus et pourvus d'un diplôme
n'est que la juste compensation d'un stage prolongé
et de frais d'acquisition de leur charge ; il y a donc
pour eux droit acquis à conserver une situation con-
quise au prix de tant de sacrifices, et lorsqu'une at-

teinte y a été portée, ils peuvent, aux termes de la loi répéter contre les délinquants des bénéfices injustement détournés. Il est bien entendu que le pharmacien ne sera fondé dans sa demande qu'autant qu'il fera preuve non-seulement d'une vente déloyale de médicaments, mais encore d'un préjudice réellement occasionné par cette vente.

Le même droit a été reconnu notamment aux médecins contre les charlatans, aux courtiers légalement pourvus d'une charge, contre les courtiers marrons, aux avoués contre les postulants. (Cass., 1er septembre 1832. — Chambres réunies, 15 juin 1833, S., 1, 458.)

Jusqu'à présent, nous nous sommes occupé du dommage dans ses éléments constitutifs, dans les conditions de son existence objective ; nous devons à présent l'examiner au point de vue subjectif, c'est-à-dire dans son rapport avec le fait qui l'a occasionné. Ce rapport doit-il être direct, immédiat ; faut-il que le fait ait directement occasionné le dommage, ou suffit-il qu'il en soit la cause indirecte et éloignée, en un mot la cause occasionnelle ?

On comprend qu'il soit de toute nécessité de poser une limite ; tout se tient et s'enchaîne dans les actes humains ; les faits engendrent les faits dans une filiation non interrompue ; le dernier résultat se rattache à la cause primordiale, par une suite de faits procédant les uns des autres. Le naufrage qui engloutit une embarcation a pour cause directe la tem-

pêto ; mais le poète latin accusait cet homme au
cœur de bronze qui le premier osa confier une
barque aux flots de la mer :

Illi robur et æs triplex
Circa pectus erat, qui fragilem truci
Commisit pelago ratem
Primus........

Un premier dommage en entraîne un second ; celui-ci, un troisième, et ainsi de suite ; c'est encore
l'histoire de Perrette : elle cassa le pot au lait, voilà
le fait : Adieu veau, vache, cochon, couvée, s'écrie le
fabuliste français : Ce sont les conséquences éloignées
du fait.

Il est évident que le jurisconsulte doit s'arrêter
plus tôt ; mais à quel moment ? ceci est plus difficile à
dire.

L'art. 1151 du Code civil a tranché la question en
ce qui concerne les contrats ; il est ainsi conçu :

« Dans le cas même où l'inexécution de la
convention résulte du dol du débiteur, les dommages et intérêts ne doivent comprendre, à l'égard
de la perte éprouvée par le créancier et du gain
dont il a été privé, que ce qui est une suite *immédiate et directe* de l'inexécution de la convention. »

Ainsi, d'après cet article, le dommage ne doit s'entendre que des pertes qui sont une suite immédiate
et directe de l'inexécution d'une convention. Devons-
nous appliquer la même décision aux dommage-inté-
rêts encourus à raison d'un délit ou d'un quasi-délit ?
Nous croyons que l'art. 1151 doit être transporté
dans notre matière, au moins comme raison écrite.

7

N'est-il pas évident, qu'on ne peut rendre l'auteur
d'un délit et surtout l'auteur d'un quasi-délit responsable que des conséquences qui ont, avec l'acte incriminé, un lien assez étroit pour exclure l'influence
d'une cause étrangère et fortuite ? Il existe d'ailleurs
une analogie certaine ; une liaison intime, entre le
dommage qui résulte de l'inexécution d'un contrat
et celui qui est dû à un délit ou à un quasi-délit. Le
juge fera donc bien de suivre les sages prescriptions
de l'art. 1151 ; mais s'il croyait devoir fonder sa
décision sur un principe différent, il ne violerait aucune loi, les art. 1146, 1150, 1151 et 1153 du Code
civil ne concernant que les contrats. (MM. Aubry et
Rau, 4ᵉ édit., t. IV, p. 750, § 445 ; arrêt de Cass.,
30 janv. 1826 ; D. 1, 162.)

Quelques exemples sont nécessaires pour l'intelligence des règles que nous venons de poser et du sens
de ces mots : *dommages qui sont la suite immédiate
et directe d'un fait.* Supposons que des bœufs et des
chevaux ont péri dans l'incendie d'un bâtiment : la
perte des animaux est, comme la destruction du bâtiment, un dommage direct, cela est certain ; mais
si, à raison de cette perte, le propriétaire n'a pu cul-
tiver ses terres, le préjudice est déjà plus éloigné ;
s'il n'a pu payer ses créanciers qui ont saisi ses biens
et les ont fait vendre à vil prix, le préjudice est plus
éloigné encore. Pothier ne verrait dans ces deux cas
qu'un dommage indirect ; parce que, dit-il, si la perte
des bestiaux a influé sur le dérangement, sur la fortune de leur maître, ce dérangement peut avoir eu
d'autres causes.

En ce qui concerne la perte résultant des poursuites exercées par les créanciers, la solution ne peut
faire doute, il n'y a là qu'un dommage indirect ;
mais la solution nous semble moins certaine, quant
à la perte soufferte pour défaut de culture des
terres, et nous croyons que le juge devrait en pareil
cas s'inspirer des circonstances, beaucoup plus que
de l'interprétation grammaticale des expressions :
dommages directs, dommages indirects.

A ce premier exemple, nous en ajouterons un second qui rendra plus saisissante encore la distinction
de principe que nous entendons faire entre le dommage direct et le dommage indirect. Un individu qui
répare sa maison laisse, abandonnés sur la voie publique, des matériaux et autres objets servant aux
travaux ; un voiturier rencontre l'obstacle pendant la
nuit et brise sa voiture ; il y a là évidemment un
dommage direct ; mais voici qu'un voleur s'empare
des instruments abandonnés et s'en sert pour commettre un vol, fera-t-on remonter la responsabilité de
ce vol au propriétaire des instruments, et dira-t-on
qu'il y a encore dommage direct ? Évidemment non,
parce qu'on ne peut établir un rapport direct de
cause à effet, entre l'abandon des instruments et le vol.

En résumé donc le préjudice causé à autrui ne
constitue un dommage emportant responsabilité,
qu'autant qu'il est direct, et il n'est direct que s'il
se rattache sans intermédiaire à l'acte incriminé,
comme un effet à sa cause directe.

La question des dommages directs ou indirects

se reproduira lorsque nous aurons à mesurer l'étendue du préjudice occasionné ; nous réservons pour
le même moment l'examen d'une autre règle qui fait
entrer dans l'évaluation du dommage non-seulement
le préjudice souffert dans des biens déjà acquis,
mais même le gain que l'on devait réaliser : *Lucrum
cessans et damnum emergens.*

SECTION II.

Une faute.

Le mot *faute* semble avoir une origine germa-
nique : il viendrait de *fallen*, tomber, ou de *fall*,
chute : On le rencontre dans l'art. 1382, qui en fait
une condition essentielle de la responsabilité.
L'art. 1383 en renferme lui-même l'idée sous ces
expressions : *négligence, imprudence* qui indiquent
aussi un manquement, une chute.

Dans son acception générale et vulgaire, la faute
est donc tout manquement à un devoir quelconque.
Mais en droit, où le devoir réside tout entier dans
l'observation du précepte de la loi positive, le mot
faute a nécessairement un sens plus restreint, et
il ne peut s'entendre que d'un manquement à la
loi.

Dans les articles 1382 et 1383 qui sont la garantie du respect des droits privés, la faute sera donc
tout fait contraire à ces droits.

La faute, toujours dans les mêmes articles, suppose une seconde condition : il faut que l'acte puisse être reproché à celui qui l'a commis, que cet acte lui soit imputable, ce qui suppose chez l'agent volonté et liberté.

Dès lors, il n'y a faute, et par suite responsabilité, qu'autant que l'acte viole un droit privé, qu'il est illicite ; qu'autant qu'il est imputable à un agent libre. Nous étudierons séparément ces deux conditions en traitant 1° de l'acte illicite et 2° de l'imputabilité.

I. *De l'acte illicite.* — La loi suppose que l'auteur du fait dommageable a outrepassé son droit et empiété sur le droit d'autrui. Celui-là seulement est passible de dommages-intérêts qui dépasse son droit; car à cette condition seulement il commet une faute dans le sens juridique du mot. Les jurisconsultes romains, et, après eux, nos anciens auteurs, ont exprimé cette idée, sous la formule suivante : *Nemo damnum facit nisi qui id fecit quod facere jus non habet* (D. L., 151, *R. J.*, Paul.). La difficulté consiste donc à déterminer quels sont les devoirs légaux de l'homme envers ses semblables, ou plutôt quels sont les faits qui constituent la violation de ces devoirs légaux. Ces faits sont : le délit pénal, le délit civil, et enfin le quasi-délit.

1. *Délit pénal.* — La qualification du fait dommageable par la loi pénale est ici décisive, en ce sens que toute infraction à cette loi constitue, sans nul

doute, un manquement suffisant pour justifier une demande en dommages-intérêts à raison du préjudice éprouvé. On ne comprendrait pas qu'une atteinte jugée assez grave pour exiger une réparation publique, ne pût autoriser la partie directement lésée à demander réparation. Le juge civil ne pourrait donc, sans encourir la censure de la Cour de cassation, refuser de voir un acte illicite là où la loi criminelle a vu un délit.

On remarquera même que le législateur, en incriminant un fait, peut ouvrir une action en dommages-intérêts qui n'eut pas existé auparavant. Ainsi la loi du 17 février 1852 sur la Presse a défendu et puni la publication de certains procès. Avant cette loi le compte-rendu était licite ; en vain la partie lésée eut-elle invoqué un dommage, on lui eut répondu que le journal usait d'un droit : sous l'empire de la loi nouvelle, le même acte devient illégal et fait encourir une responsabilité à raison du préjudice.

Les décisions que nous venons de donner s'appliquent indifféremment à l'acte volontaire et à l'acte involontaire; car l'intention mauvaise, qui n'est pas toujours exigée même dans la législation pénale, est absolument indifférente dans les matières civiles. Ici, en effet, le législateur est dominé presque exclusivement par l'intérêt privé, lequel a pu être aussi gravement compromis par un acte involontaire que par un acte intentionnel et prémédité : il fallait dans un cas comme dans l'autre accorder une réparation entière.

Nous n'entendons pas dire cependant que la volonté de l'agent du délit soit à tous les points de vue
indifférente. Plus d'une fois sans doute le juge, souverain appréciateur du dommage, sera amené à modérer la condamnation en faveur de la bonne foi, et
Dumoulin le lui conseille : « Dico tamen delictis con-
demnationem simplicis culpæ moderandam, quia non
debet culposus teneri ac dolosus (*Tractat. de eo quod
interest*, n° 158). Mais nous ne pourrions justifier ce
tempérament que la pratique apporte si souvent à la
rigueur de la règle, et nous ne tarderons pas à en
démontrer la fausseté.

Le défaut d'intention, lorsqu'il est destructif de
la volonté elle-même, peut avoir, comme nous le verrons plus loin, des conséquences bien autrement
radicales et surtout plus juridiques. Il peut aller jusqu'à détruire l'imputabilité et, par suite, la responsabilité ; mais alors le plus souvent le délit pénal disparaît en même temps que le quasi-délit.

2° *Délits civils et quasi-délits.* — Nous avons défini les délits civils des actes dommageables bien
que non prévus par la loi pénale, et commis avec la
volonté de causer un préjudice, les quasi-délits résultant des mêmes faits accomplis sans intention de
nuire. Mais à quel signe reconnaîtrons-nous précisément le caractère illicite de tels actes. Ce n'est plus
dans le Code pénal que nous pourrons aller chercher
la réponse, puisque les faits dont nous nous occupons
en ce moment n'y sont pas mentionnés. Est-ce du
moins dans les principes du droit civil et là exclusi-

vement ? La solution ne peut être douteuse pour
ceux qui admettent ce principe, proclamé par le
droit romain, attaqué ensuite, puis proclamé de nouveau, que tout ce qui n'est pas défendu est légalement permis : ils diront qu'il n'y a pas plus de délit
civil ou de quasi-délit en dehors de la loi civile,
qu'il n'y a de délit pénal en dehors de la loi pénale,
et nous partageons leur avis avec une conviction entière.

Nous avons rencontré cependant, à cet égard, de
graves contradictions dans les auteurs. Voici comment
s'exprime M. Sourdat, au n° 414 de son important
traité de la responsabilité civile : « Bien que non
qualifié par les lois pénales, un fait peut néanmoins
être illicite et constituer un délit civil (à plus forte
raison un quasi-délit), car nos codes n'ont pas attaché une peine à toutes les infractions à la *morale*.
Or, lorsqu'une de ces infractions (infraction à la
morale) cause à autrui un dommage, si elle ne donne
pas lieu à l'action publique, du moins elle ouvre une
action en responsabilité civile. » Et de même au
n° 643 « Il convient de faire observer qu'une *action
qui n'est pas illicite en elle-même* peut causer à autrui un dommage et constituer alors un quasi-délit
qui entraîne responsabilité, si les conséquences nuisibles d'un tel acte sont dues à l'imprudence, ou à la
négligence de l'agent qui l'accomplit, et non à la
nature des choses que l'homme peut réformer.
M. Proudhon reconnaît comme nous le principe de
la responsabilité pour cette hypothèse. »

Comment donc concilier ces idées avec la définition que nous avons donnée des délits et quasi-délits:
actes contraires au droit, à la loi positive, définition
que l'on trouve dans tous les auteurs et dont
M. Sourdat lui-même se fait l'interprète, lorsqu'il dit
au n° 419 : « Il faut que le fait préjudiciable soit
illicite, c'est-à-dire qu'il ne constitue pas l'exercice
d'un droit reconnu, ou l'accomplissement d'un devoir
imposé par la loi. Quand l'une ou l'autre de ces deux
dernières conditions existe il est impossible de trouver dans le fait nuisible la source d'une action en
responsabilité. »

On pourrait rencontrer la même contradiction dans
les ouvrages les plus estimables ; tous ceux que
nous avons pu consulter placent la faute, nous voulons dire le caractère illicite de l'acte, tantôt dans
le fait dommageable lui-même, tantôt dans les circonstances qui l'ont accompagné ou précédé. Dans
le premier cas, on considère que le fait de causer
un préjudice *à qui à le droit de ne le point éprouver*
est l'élément constitutif de la faute ; dans le second
cas au contraire, cette faute résiderait dans un manquement aux règles de la morale, aux prescriptions
de la raison et de l'expérience. Ainsi l'agent du délit
est naturellement léger inattentif, négligent, pas-
sionné, intempérant : c'est une faute. Qu'on lise
Marcadé. Il suppose qu'un quasi-délit a été commis
par un homme ivre : « Il y aura toujours faute, dit-
il, par le fait même de s'être enivré », (Sous les art.
1382 et 1383).

Il faut cependant opter entre ces deux significa-
tions du mot faute, car il est inadmissible qu'en
écrivant l'art. 1382 le législateur les ait eues toutes
les deux en vue. Or la faute, en droit, nous ne sau-
rions trop le répéter, ne peut consister que dans le
fait d'un agent libre qui cause, sans droit, un dommage à autrui; qu'importe à la partie lésée la violation de telle ou telle règle de morale, et en général
les circonstances atténuantes ou même aggravantes
qui ont accompagné ou précédé l'acte dont elle se
plaint ; elle allègue un dommage qui lui a été causé
injustement et cela lui suffit ; elle voit la faute dans
la violation de son droit, c'est là la faute civile, la
seule qu'elle puisse invoquer. C'est bien ainsi que
semble l'entendre M. Sourdat lui-même, lorsqu'il dit
à propos du duel, au n° 108 bis de son traité, qu'il
importe peu qu'il y ait eu *faute* commune dans l'engagement de se battre pris par les deux adversaires:
« Le dommage, continue-t-il, n'existe que d'un seul
côté. Dans l'acte qui le réalise, dans sa cause immédiate et directe, il est le fait d'une seule partie. »
Qu'est-ce à dire, si ce n'est que la faute, le caractère
illicite de l'acte, réside tout entier dans le fait dommageable ? Sans doute le dommage ne sera réparé
que s'il est illicite, mais ce qui le rend illicite, c'est le
seul fait de l'avoir accompli sans droit.

Les notions qui précèdent nous serviront à élu-
cider une question souvent posée par les auteurs.
Ils se sont demandé quel devait être le degré de la
faute exigée par l'art. 1382, et ils n'ont pas hésité

à décider qu'il n'y a pas lieu de distinguer, comme
on le fait dans les contrats, différentes espèces de
fautes, ni de s'attacher aux idées de dol, de faute
lourde ou de faute légère ; la moindre faute suffit,
pourvu que le fait soit imputable à son auteur.
C'était dit-on la règle du droit romain ; *et culpa
levissima venit*, et c'était aussi celle de Domat ; on
ajoute que c'est enfin ce que l'art. 1382, différent en
cela de l'art. 1137, décide par ces mots : « Tout fait
quelconque de l'homme... » Cette solution nous paraît assez exacte dans ses conséquences pratiques ;
mais nous ne croyons pas qu'on la fasse reposer sur
une considération parfaitement juridique. Qu'est-ce
que cette faute infiniment petite ? Nous comprenons la
faute avec des degrés divers lorsqu'on la considère
dans l'agent du dommage ; car il y a lieu de tenir
compte de sa bonne foi, de son attention, de sa vigi-
lance ; mais au point de vue du préjudice causé à
autrui et de l'obligation de le réparer, toute graduation dans la faute est un non-sens. C'est le dommage lui-même qui engendre l'obligation de le
réparer, et la faute consiste en ceci que le fait dommageable a été accompli sans droit par un agent
responsable de ses actes. La faute n'est donc pas
susceptible de plus ou de moins, c'est toujours et
dans tous les cas la violation du droit d'autrui.
Qu'importe en effet à la partie lésée les conditions
dans lesquelles l'acte s'est accompli, elle a été lésée
par l'acte illicite d'un agent responsable, cela lui
suffit ; elle pourra atteindre cet agent et faire mettre

à sa charge la réparation du dommage dont il est l'auteur. C'est encore par applicatication de la même idée que le législateur n'a fait aucune différence, quant aux réparations civiles, entre le délit ou le le quasi–délit, le dol ou la bonne foi, le crime ou la simple négligence.

L'interprétation que nous venons de donner au mot faute, dans l'art. 1382, nous permet aussi de justifier le législateur d'un reproche qui lui a été souvent adressé. Des auteurs ont cru pouvoir traduire plus exactement la pensée de la loi en résumant ainsi notre article : *Chacun doit réparer le dommage causé par sa faute.* C'est, disent-ils, le mot *faute* qui est le mot capital, bien que le mot *fait* commence la phrase. Nous croyons, nous, au contraire, que le rédacteur de l'art. 1382 a très-exactement rendu l'intention des législateurs. Pour eux la responsabilité a sa source et toute sa raison d'être dans le fait dommageable, et leur idée est parfaitement exprimée par ces mots : « Tout fait quelconque de l'homme... oblige.... » Toutefois, énoncée dans ces termes, la proposition serait trop large ; car il existe d'une part des faits qui, quoique dommageables, ne font encourir aucune responsabilité, ce sont ceux qui sont accomplis conformément au droit ; et d'autre part des faits dommageables et accomplis sans droit, mais non imputables cependant, et qui, comme nous le verrons bientôt, ne donnent lieu non plus à aucune responsabilité. C'est cette double condition, l'*illicite* et l'*imputabilité*, qu'exprime le mot faute ; mais ce n'est pas l'idée principale, c'est l'idée secondaire, et en quelque sorte l'exception au prin- cipe par lequel débute avec raison l'art. 1382 : Tout fait quelconque de l'homme qui cause un dommage à autrui oblige... voilà l'idée générale, le principe ; mais cela n'est vrai qu'à la condition qu'il y ait eu faute, c'est-à-dire que le fait dommageable soit à la fois illicite et impu' ..., voilà l'exception à laquelle est subordonnée l'application du principe. Comment s'expliquer dès lors qu'on ait pu adresser un reproche au législateur pour avoir placé le mot fait en tête de l'article et à un rang que devrait occu- per le mot faute; c'est, il nous semble, lui reprocher de n'avoir pas énoncé l'exception avant la règle, la dérogation au principe avant le principe lui-même.

Telle est l'opinion que nous avons cru devoir pré- senter, à nos risques et périls, sur l'interprétation du mot faute dans l'art. 1382. Plus d'une fois, dans la suite, il nous sera donné d'en faire l'application.

Les faits illicites, qualifiés délits ou quasi-délits, portent atteinte soit à la personne d'autrui, soit à sa propriété, ou à ses droits réels ou personnels. La loi n'a d'autre objet que la garantie de ces droits ; lors donc qu'une atteinte y est portée, il y a fait con- traire au droit, fait illicite.

A cette règle, avons-nous dit, il y a une excep- tion, pour le cas ou l'auteur du dommage aurait agi lui-même en vertu d'un droit devant lequel le droit général de la partie lésée devait céder. Dans ce dernier cas, l'agent passif souffre, sans recours, les conséquences de la nature des choses et il doit s'incliner devant la force de cette règle : *Nemo damnum facit nisi qui 'id fecit quod facere jus non habet* (L. 151, D. *de R. J.*) ; ou encore : *Nullus videtur dolo facere qui suo jure utitur* (l. 55, D. et l. 5, § 1, D. *ad leg. Aq.*) ; ou enfin « icelui n'attente qui n'use que de son droit. » (Coutume de Bretagne., art. 107.)

Les exemples abondent dans la pratique :

Ainsi, le juge qui condamne un coupable, l'autorité qui exécute la condamnation, l'administration qui impose dans l'intérêt général certaines sujétions aux particuliers, causent à l'intérêt privé des préjudices souvent considérables ; mais il n'y a ni délit ni quasi-délit ; tout au contraire, c'est l'abstention qui en pareil cas serait souvent répréhensible.

Il y a aussi des actes dommageables que la loi autorise sans les commander. Dans un cas de légitime défense, vous tuez votre agresseur, vous n'avez fait qu'exercer un droit reconnu par la loi positive, non moins que par la loi naturelle (art. 328 P.). L'exercice de ce droit sacré a pu occasionner des blessures, la mort même, il n'a pu faire naître une action en dommages-intérêts. De même, la voie de fait, opposée à la voie de droit, et qu'il ne faut pas confondre avec les violences dirigées contre des personnes ou contre la propriété, n'est point illicite quand elle a pour but de nous faire rentrer en possession de notre chose que détient injustement un tiers

L'usage que chacun fait de sa chose conformément aux lois (art. 544 Code civil) ne donne lieu
non plus à aucune espèce de responsabilité, alors
même qu'il en résulterait une gêne pour autrui. Par
exemple, en élevant un mur sur mon terrain, j'of-
fusque les vues d'une maison qui avait devant elle
un libre espace ; ou bien, je projette une ombre nuisible sur le jardin de mon voisin : il y a préjudice
causé à autrui par mon fait et cependant il n'y a pas
faute ; parce qu'il n'y a pas acte illicite, accompli
sans droit ; partant le dommage, le préjudice sera
supporté sans recours. Le droit romain nous offre
l'exemple, encore pratique aujourd'hui, d'un
propriétaire qui, en creusant un puits dans son héri-
tage, absorbe les eaux qui alimentent la propriété
voisine ; nous pouvons y ajouter, d'après l'art. 672
du Code civil, le cas d'un propriétaire qui, dans les
travaux qu'il effectue sur son fonds, rencontre les ra-
cines des arbres de la propriété voisine et les coupe :
il peut y avoir dommage ; mais il n'y a pas acte illicite, partant point de faute et point de responsabilité
encourue.

La pratique administrative présente un curieux
exemple qui résume tout ce que nous venons de dire
sur cette grave question. Lorsqu'un petit cours
d'eau est déclassé pour être érigé en rivière
navigable et flottable, il en résulte pour les riverains,
une certaine dépossession qui leur donne droit à une
indemnité calculée d'après le préjudice qu'ils
éprouvent, c'est-à-dire d'après l'importance des

droits qui leur sont enlevés. On discute sur l'étendue
de ces droits : ils comprennent incontestablement la
propriété des îles, (561 Co. Civ.), la pêche (L. 15 avril
1829, art. 2) ; mais, d'après la jurisprudence, non la
propriété du lit. Par conséquent, quel que soit le
préjudice éprouvé par les riverains à raison de la
dépossession du lit, l'État ne leur devra aucune indemnité ; mais, il leur tiendra toujours compte
du droit de pêche, parce que ce droit constitue un
droit acquis et non une simple faculté (M. Beudant à
son cours 1872–1873).

En général les mesures de police et les autres
mesures de pure administration ne donnent lieu à
aucune indemnité. Ainsi lorsque le gouvernement
rétablit dans Paris la liberté commerciale de la bou-
cherie, les bouchers qui avaient pu [compter sur la
limitation du nombre des étaux, furent déclarés non-
recevables à se plaindre.

Une question souvent agitée, est celle de savoir si
l'abaissement du sol d'une route ou d'une rue, lequel
diminue la valeur d'une propriété riveraine, peut
donner lieu à une action en indemnité contre l'État.
L'administration a soutenu la négative ; mais elle a été
contredite par un grand nombre de décisions de la
cour de Cassation et du Conseil d'État, qui ont reconnu le droit des propriétaires lésés et leur ont accordé une indemnité. La question revenait à se demander si les routes sont grevées d'une espèce de
servitude au profit des propriétés voisines ou si, au
contraire, l'État a sur les routes un droit aussi

absolu qu'un simple particulier sur sa propriété.

C'est en adoptant la première de ces deux opinions que la jurisprudence a accordé un dédommagement (Cass. 18 janv. 1826, S. 267 ; 11 déc. 1843, D. 65 ; Cons. d'État, 8 août 1865, D. 66, 3, 28).

En cette matière, la doctrine et la jurisprudence ont été conduites à poser une distinction déjà consacrée par le droit commun, entre les dommages directs et matériels et les dommages indirects, les premiers donnant lieu à une indemnité, les seconds ne la comportent pas.

Les dommages directs et matériels sont ceux qui résultent de la diminution que la propriété éprouve dans son étendue, ou par suite d'un changement survenu dans son état physique ou extérieur ; ainsi, l'abaissement ou l'exhaussement d'une route (Décision du Cons. d'État, 25 mars 1867, D. 67, 3, 97.) Les dommages indirects sont ceux qui n'affectent pas la propriété d'une manière extérieure, mais qui en diminuent la valeur en lui retirant une partie de ses avantages sous le rapport de l'agrément ; tel serait un changement de tracé dans la direction d'une route : « Considérant, dit le Conseil d'État, dans une décision du 20 février 1840, que les travaux exécutés par l'administration n'ont point eu pour effet de causer à la propriété du sieur S. un dommage direct et matériel (Lebon, Tome 10, p. 51.)

On s'est demandé aussi, si la règle : *Nemo damnum facit qui jure suo utitur,* doit s'entendre d'une manière générale et absolue, et, spécialement, s'il y

8

a acte illicite et par suite responsabilité à la charge
de celui qui, ayant plusieurs manières d'exercer son
droit, choisit sans nécessité, sans utilité pour lui-
même et à mauvais dessein, celle qui peut être préjudiciable à autrui.

Le Code prussien a prévu le cas. Il y est dit qu'on
ne doit pas d'indemnité pour un dommage causé par
l'exercice de son droit, à moins qu'entre plusieurs
manières de l'exercer on n'ait choisi celle qui pouvait
être préjudiciable. (1re partie, t. 6, §§ 36 et 37). Cette
solution, si conforme aux véritables intérêts de la
société, doit-elle être admise dans le silence de notre
Code? La question se pose dans les mêmes conditions
au cas où on n'aurait exercé son droit que dans le
seul but de nuire et sans intérêt pour soi-même.

La loi romaine donnait en pareille hypothèse l'action *de dolo*, ainsi qu'il résulte de la loi 1, § 12,
D. *de Aqua*, portant: *Denique Marcellus scribit,
cum eo, qui in suo fodiens vicini fontem avertit, nihil posse agi : nec de dolo actionem; et sane non
debet habere, si non animo vicino nocendi, sed suum
agrum meliorem faciendi id fecit.* Domat se prononce
dans le même sens (Lois civiles, liv. 2, t. 8, sect, 3,
n° 9) ; Toullier et Proudhon ont proposé une doctrine
analogue qui est aujourd'hui généralement adoptée
par les auteurs (Proudhon, Usufr. n° 1486, Toullier
n° 119, Sourdat n° 439, Laromb., t. 5, p. 692);
enfin la jurisprudence se prononce aussi pour la responsabilité. Dans son arrêt du 19 déc. 1817 (S. 18,
1, 170), la Cour de cassation a jugé notamment que

les créanciers qui poursuivent l'expropriation des
biens de leurs débiteurs peuvent être déclarés responsables du préjudice causé, s'ils ont choisi frauduleu-
sement le mode d'expropriation le plus coûteux. On
peut encore consulter l'arrêt du 29 janv. 1856, D.
P. 56, 1, 106.

La question est très-pratique en matière de procès. Rome avait déjà ses plaideurs téméraires, passibles d'une peine pécuniaire (*Instit. de pœna temere
litigant.*) et un édit de 1539, rendu par François Ier,
sévissait également contre l'esprit de chicane. De
nos jours, et malgré le silence de la loi, il est acquis
que celui qui intente abusivement une action judiciaire, ou qui résiste à une demande par malignité se
rend passible de l'application de l'art. 1382. En
pareil cas, en effet, il est douteux que l'acte de ce
plaideur téméraire et de mauvaise foi constitue
l'exercice d'un droit véritable; mais la question reste
entière pour les autres hypothèses. N'y aura-t-il pas
danger à généraliser la solution adoptée par la Cour
de cassation? Que deviendrait notre règle : *nemo damnum facit qui suo jure utitur*, si le juge pouvait l'appliquer ou la rejeter suivant ses impressions.
M. Sourdat n'hésite pas à y faire brèche, ou plutôt à
la renverser pour y substituer un précepte diamétra-
lement opposé. « Selon nous, dit-il, la formule au
moyen de laquelle se résout le problème de la respon-
ponsabilité civile n'est pas que « tout ce qui n'est
pas défendu par la loi est permis.... Nous croyons,
que tout fait quelconque de l'homme qui cause à

autrui un dommage, oblige celui par la faute duquel
il est arrivé à le réparer, quand il n'a pas sa source
dans l'exercice d'un droit reconnu par la loi, ou
quand il résulte d'un mode particulier d'exercer son
droit qui n'a pas d'utilité pour son auteur ou qui aurait pu être évité. »

Tout en nous rangeant à l'opinion commune qui
se prononce contre celui qui n'use de son droit que
par dol ou malice, nous croyons pouvoir défendre
l'intégrité de la maxime : *nemo damnum facit qui suo
jure utitur.* A notre avis cette maxime est aussi absolue en droit civil qu'en droit pénal, parce qu'il
serait impossible de s'en affranchir sans risquer de
tomber dans l'arbitraire ; mais il ne faut pas oublier
d'autre part que le respect du droit d'autrui est la
grande règle de tout législateur ; toute violation de
ce droit est, nous nous sommes efforcé de l'établir,
une faute, voilà le principe ; et cette faute peut être
rachetée par le droit qu'avait l'auteur du dommage
à le commettre, voilà l'exception ; mais de quel
droit s'agit-il ? Devant quelle considération le législateur sacrifie-t-il cet autre droit de chacun de
nous à n'éprouver aucun dommage ? Évidemment en
considération de l'intérêt supérieur d'autrui. Ce
sont deux intérêts en conflit, l'un s'efface devant
l'autre, et l'auteur du dommage, usant d'un droit
fondé sur son intérêt, accomplit un acte légitime, il
ne commet aucune faute ; mais lorsque cet intérêt
disparaît, le droit disparaît aussi, parce qu'il manque
de base. Disons mieux, ce droit est, dans notre pa-

trimoine, un bien, un avantage ; son utilité est sa
condition d'existence : si donc cette utilité disparaît,
il cesse lui-même d'être. Nous dirons donc : de
même que l'exercice d'une action se mesure sur l'intérêt de celui qui l'intente, de même l'exercice d'un
droit a pour condition l'intérêt, et si on use néanmoins d'un tel droit d'une manière intempestive, le
dommage causé devra être reparé.

On remarquera que ce que nous venons de dire
ne fait pas échec au principe d'après lequel l'exercice d'un droit fait écarter la responsabilité ; mais il
nous reste à voir ce qu'il faut décider à l'égard de
celui qui lèse autrui croyant à tort user de son
droit ; sera-t-il responsable ? Toullier, dont l'opinion
a été reçue par nombre d'auteurs, enseigne la
négative : « on n'est pas censé en faute, dit-il, en
faisant ce que l'on était autorisé à croire avoir le droit
de faire. Nous en avons vu un exemple dans celui
qui a reçu en paiement une chose qu'il croyait de
bonne foi lui être due. S'il la laisse détériorer, détruire même par négligence, c'est un dommage que
le propriétaire, qui exerce la répétition après l'erreur
reconnue, ne peut l'obliger à réparer, parce qu'il n'a
commis aucune faute en négligeant {une chose qu'il
croyait sienne : *Qui rem quasi suam neglexit, nulli
querelæ subjectus est* (T. 11, n° 119). » Ainsi, dans
cette opinion, ni le débiteur de bonne foi, ni le possesseur de bonne foi, ne peuvent être en faute ; l'opinion
qu'ils ont de l'existence de leur droit équivaut au
droit lui-même. Toullier argumente *a simili* de ce

qui se passe dans le paiement de l'indu, mais c'est à tort.
Il suffit de se reporter à l'art. 1379 pour voir que la
croyance a un droit ne vaut pas la réalité. Cet article
porte: « Si la chose indûment reçue est un immeuble
ou un meuble corporel, celui qui l'a reçue s'oblige à
la restituer en nature si elle existe, ou sa valeur si elle
est périe ou détériorée par sa faute. Il est même garant de la perte par cas fortuit s'il l'a reçue de mauvaise foi. » Voici donc l'*accipiens* de bonne foi,
celui qui, croyant la chose sienne, la détériore dans
la persuasion qu'il exerce un droit, déclaré responsable au moins de la valeur de la chose. C'est la négation même du système de Toullier; car s'il était
vrai, comme l'enseigne cet auteur, que celui qui croit
exercer un droit doit être traité comme s'il avait réellement ce droit, le détenteur qui a fait périr la chose
ne devrait, dans aucun cas, la valeur de cette chose.
Nous ferons remarquer du reste que l'analogie qu'on
cherche à établir n'est pas complète : le *tradens* qui
s'est trompé en croyant que l'*accipiens* était créancier a une faute à se reprocher ; au contraire, s'il
s'agit d'une entreprise contre le droit d'autrui,
l'auteur du fait est seul en faute, et le rôle de la partie lésée est entièrement passif; on conçoit donc que
la réparation soit mise exclusivement à la charge du
premier.

Est-ce à dire cependant que nous abandonnions
complètement la maxime: *Qui rem quasi suam neglexit, nulli culpæ subjicitur*, posée par Toullier, et que
nous adoptions dans toutes ses conséquences la

maxime contraire, *nul ne peut se libérer par son
fait ?* Aucunement : Nous croyons que ces deux
adages sont l'un et l'autre trop absolus, ce sont des
manières commodes d'exprimer une idée dans une
espèce particulière, ce ne sont pas des règles législatives auxquelles on doive se soumettre d'une manière
absolue.

Nul ne peut se libérer par son fait : cela est vrai
en général ; mais voici que je trouve dans une succession un chien que mon auteur devait à une autre
personne et, dans l'ignorance de cette dette, je tue
l'animal. Sans doute si je n'ai agi que par esprit
de destruction, je serai tenu ; mais si, croyant la bête
atteinte d'hydrophobie, j'ai cédé à la crainte, mon
acte est raisonnable et juste, alors même qu'il serait
plus tard démontré que mes appréhensions n'étaient
pas fondées, et je suis libéré.

Qui rem quasi suam neglexit nulli culpæ subjicitur :
Sans doute on peut négliger sa propre chose, la détériorer, la détruire même, il n'y a là que l'exercice du
jus abutendi. Mais si par cet acte de destruction vous
avez porté atteinte au droit d'autrui, la victime peut
vous dire comme précédemment : La loi me garantit
mon patrimoine ; n'éprouver aucun préjudice est
pour moi un droit ; vous prétendez avoir vous-même
exercé un droit devant lequel le droit général que
j'invoque devrait s'effacer ; cela est vrai, si votre
droit a pour fondement l'intérêt, mais à cette condition seulement ; car l'intérêt, est la mesure de l'exercice de tout droit qui lèse autrui, de même que l'intérêt

est la mesure des actions. Si donc l'auteur du dommage n'a agi que par fantaisie, légéreté ou sottise, il ne peut invoquer son droit pour se justifier de la lésion qu'il a fait éprouver à autrui. Ainsi la maison que je possède de bonne foi s'étant écroulée faute de réparations, de deux choses l'une : ou j'avais de bonnes raisons, un intérêt plausible pour la laisser tomber en ruines, je ne suis pas responsable ; ou, au contraire, j'ai commis une négligence, vraiment déraisonnable, je suis responsable; de même, si je tue le chien qu'a légué mon auteur, je serai tenu ou libéré suivant que j'avais ou non intérêt à commettre cet acte de destruction.

Tout ce que nous avons dit jusqu'à présent du caractère illicite de l'acte résume le droit commun. Il nous reste à faire connaître les dérogations apportées par des règles spéciales. La jouissance de certaines propriétés, l'exercice de certains droits personnels ou réels présentent, soit pour l'intérêt public, soit pour les particuliers, des dangers, ou au moins des inconvénients graves. Le législateur a donc dû intervenir et imposer des prescriptions protectrices de l'intérêt général et de l'intérêt privé. Nous citerons notamment :

1° La loi du 21 avril 1810 sur l'exploitation des mines. Elle renferme des dispositions préventives à raison des dommages qui pourraient être causés aux propriétés situées à la surface du sol, et elle établit des règles fixes pour le paiement des indemnités.

(art. 11,15,43, 44, 47, 50,93 ; et L. 27 avril 1838, art 8.) Le législateur s'est proposé, en cette matière, de concilier l'intérêt général que présente l'exploitation des mines, avec le droit consacré par l'art. 552 qui déclare que la propriété du sol emporte celle du dessus et du dessous.

2° La loi du 14 juillet 1856 qu'on rapprochera de l'art. 544 du Code civil. Cette loi a pour objet la protection des sources minérales. Dans un rayon déterminé, les propriétaires sont tenus de servitudes positives ou négatives. Ils ne peuvent faire aucune fouille ou excavation ; ils doivent aussi moyennant indemnité supporter les travaux de sondages.

L'usage qu'un propriétaire fait de sa chose est-il illicite non-seulement lorsque cet usage est contraire à la loi, mais encore lorsqu'il blesse l'ordre public ou les bonnes mœurs ? M. Sourdat l'affirme d'une manière absolue (n° 441 ter). Mais nous croyons qu'il faut entendre par là un usage contraire à la loi et qui constitue dès lors un acte illégal, illicite. Dans ces termes le principe est évident, on ne peut déroger même par des conventions particulières à ce qui intéresse l'ordre public ou les bonnes mœurs, (art. 6 et 1131 Code civil.), comment donc pourrait-on-y déroger par un acte portant préjudice à autrui?

L'exercice des actes positifs constitue un droit facile à définir, puisqu'il n'a pour limite que le res-

pect du droit d'autrui. Les faits d'omission emportant responsabilité civile sont plus difficiles à caractériser, car il semble qu'en dehors des obligations
conventionnelles le droit de s'abstenir est aussi absolu que possible. Il n'en est rien cependant, et si le
devoir légal nous commande souvent l'abstention, il
nous ordonne quelquefois aussi l'action. Cicéron
voulait qu'on traitât de même celui qui fait le mal et
celui qui, pouvant l'empêcher, s'est abstenu (*de
officiis*, 1,7 et 1, 9). C'est que l'auteur du *de officiis*
voyait là au moins un devoir de morale; mais ce devoir
est insuffisant pour fonder la responsabilité civile qui
suppose toujours la violation d'un devoir civil.
C'est évidemment à un devoir d'action imposé par
la loi que se réfère Paul lorsqu'il dit : *Qui non facit
quod facere debet videtur facere adversus ea quia non
facit ;* et c'est dans le même sens qu'il faut entendre
l'art. 1383 portant que chacun est responsable du
dommage causé *non-seulement par son fait, mais
encore par sa négligence ou par son imprudence.*

Les articles suivants offrent précisément l'exemple
de cas où la précaution est un devoir légal et l'o—
mission un fait illicite qui peut entraîner responsabilité. Ainsi, un père voyant son fils allumer du feu
près d'un bâtiment ne l'empêche pas et laisse l'incendie se propager; il sera peut-être *poursuivable*
criminellement, mais il sera en outre tenu de dommages-intérêts, non-seulement comme responsable
de son enfant mineur, mais encore pour son propre
fait et comme responsable d'une omission contraire à

l'obligation que lui imposait la loi de veiller sur son enfant. (M. Sourdat, n° 442.)

L'art. 475 § 12 du Code pénal punit ceux qui auront refusé ou négligé de faire, le pouvar.t, les travaux, le service, ou de prêter le secours dont ils seront *requis* en cas d'accident, de pillage ou de tumulte. L'omission de ce devoir pourrait faire encourir, outre la responsabilité pénale, une responsabilité civile.

L'art. 471 § 8 du même Code ordonne aux habitants des campagnes d'écheniller, conformément aux règlements; l'omission de cette prescription pourrait donner lieu à responsabilité;

Celui qui, ayant trouvé un nouveau-né, ne l'aurait pas remis à l'autorité, aux termes de l'art. 347 du Code pénal, répondrait encore pécuniairement des conséquences de son inaction;

De même, il y a encore fait illégal et responsabilité de la part de celui qui occasionne un incendie pour n'avoir pas pris les précautions exigées par la loi (674, C. C.), ou par les règlements de police; ou pour avoir allumé du feu à la distance prohibée. (art. 471 et 458 C. P.)

Nous croyons pouvoir ajouter un exemple tiré de l'art. 214 qui oblige la femme à habiter avec le mari et le mari à recevoir sa femme. A notre avis, et sauf à tenir compte des circonstances qui pourraient légitimer une résistance soit du mari soit de la femme, nous croyons que la violation des prescriptions de cet article ferait encourir la responsabilité civile.

La responsabilité civile à raison des faits d'omission pèse surtout sur les fonctionnaires de l'État, et en général sur les personnes que la nature de leur charge, l'exercice de leur art ou profession astreint à des devoirs spéciaux. Ces devoirs ne sont pas, il faut bien le remarquer, de simples devoirs de morale, ce sont des devoirs civils imposés plus ou moins impérativement par la loi ; leur violation constitue par conséquent un fait illicite.

L'extension des art. 1382 et 1383 aux fonctionnaires ne semble pas pouvoir être sérieusement contestée. Marcadé dit formellement qu'il s'agit dans ces articles de la violation d'un devoir proprement dit, d'un de ces devoirs généraux existant au profit de toutes personnes, et MM. Aubry et Rau déclarent formellement que les dispositions des art. 1382 et 1383 doivent être appliquées, sauf les modifications résultant de dispositions spéciales, aux fautes que les fonctionnaires publics commettent dans l'exercice de leurs fonctions en n'accomplissant que d'une manière irrégulière (ou en négligeant complètement) les obligations légales qui leur sont imposées. (§ 446.)

La Cour de cassation professe la même doctrine : « Attendu, qu'un fonctionnaire, un mandataire quelconque comme tout agent auquel la loi départ une mission, *contracte le devoir* de la remplir avec exactitude, avec attention, impartialité et avec vérité, de manière à ne porter atteinte et préjudice inconsidérément ou arbitrairement à autrui ;

qu'il importe peu que le dommage causé soit l'effet de la malice ou de l'*impéritie*, puisque le premier soin de tout homme qui, accepte des fonctions est d'apprendre et de savoir les obligations qui lui sont imposées : « eo ipso quod accepit officium videtur se asserere sufficientem et peritum. » (Cass. 14 déc. 1825. — Aff. Rebattu.)

L'obligation de s'abstenir doit avoir, comme l'obligation d'agir, une limite fixe et légale, à savoir, que l'homme n'est obligé de faire que ce que la loi lui ordonne. Mais cette limite a été sérieusement contestée dans le cas ou une personne pouvant empêcher un dommage, prévenir un malheur, sans courir elle-même aucun danger, s'abstient cependant, non par égoisme, puisque son intérêt n'est pas engagé, mais par un sentiment inexplicable, et difficile à exprimer, tant il est contraire à la nature humaine. Nous avons déjà dit que Cicéron eut condamné un tel fait, et, au point de vue moral, il est certes des plus condamnables. Le chancelier l'Hôpital eut décidé de même. « Je voudrais, dit-il, que l'action ne fut pas seulement donnée contre celui qui aurait fait l'outrage, l'excès ou l'indignité ; mais encore contre tous ceux desquels on aurait réclamé l'ayde et le secours, et ne se seraient mis en aucun devoir de l'empêcher, ains l'auraient dissimulé... et que les dissimulateurs et leurs frères chrétiens fussent mulctés de grosses amendes» »(Traité de la Réforme de la justice, 5ᵉ partie ed. Dufey, p. 70.). Loysel dit également que qui peut et n'empêche pêche (Inst. Cont. Liv. 6, T. 1; n° 5), Toullier interprète encore notre loi en ce

sens que l'auteur de la faute d'omission est censé
avoir commis le dommage.

Mais, en vérité, est-ce le jurisconsulte qui s'exprime
ou le moraliste, par la plume de ces auteurs illustres
à des titres si divers ? Où est donc l'obligation légale
qui s'impose à tel individu de porter secours à un
autre contre les brigands qui l'attaquent ; d'éteindre
l'incendie qui s'allume ; de secourir le malheureux
qui va expirer peut-être faute de soins ? La morale et
la religion le lui ordonnent sans doute ; mais elles
seules ont le pouvoir de commander le dévouement,
la loi resterait impuissante si elle voulait le prescrire;
aussi a-t-elle agi sagement en gardant le silence.

Toullier a voulu cependant appuyer sa doctrine
sur des textes du droit romain (T. 11 p. 117), les lois
44 et 45 D. « ad legem Aquiliam, qui portent : Quo-
ties sciente domino servus vulnerat vel occidit, Aqui-
liâ teneri dubium non est. — Scientiam hic pro pa-
tentia accipimus ut qui prohibere potuit teneatur si
non fecerit. » Mais depuis longtemps on a justement
fait remarquer qu'il s'agit, dans ces lois, de deux
personnes, le maître et l'esclave, dont l'une est
placée dans la dépendance de l'autre, de telle sorte
qu'il y a pour le maître, comme nous disions tout à
l'heure pour le père qui voit son enfant allumer un
incendie, obligation étroite et légale de surveiller
son esclave et de l'arrêter dans l'accomplissement du
mal. Si donc il s'abstient, il est, suivant l'expression
de Paul, celui *qui non facit quod facere debet*, et, selon

le même auteur, *videtur facere adversus ea quia non facit.*

C'est du reste à tort qu'on a invoqué Domat dans le sens de Toullier. Domat enseigne au contraire que ceux qui pouvant empêcher un dommage « que quelque devoir » les engageait de prévenir y ont manqué pourront être tenus suivant les circonstances (Lois civ. liv. 2, t. 8, sect. 4, n° 8.); or, de la part d'un jurisconsulte, le devoir ne peut être que le devoir légal, celui qu'impose non-seulement la morale, mais la loi elle-même.

La doctrine que nous adoptons a été consacrée par la Cour de cassation dans une espèce délicate. La Cour suprême a jugé que le refus fait par un aubergiste de recevoir un individu abandonné sur la voie publique et en danger de mort ne donne pas lieu à l'application de l'art. 1382, tout blâmable que soit ce refus au point de vue moral (17 juin 1853; D, 53 5, 414; v° aussi arrêts 7 janv. 1859, D. 47.; 19 déc. 1817, D. 18, 1, 33.)

Nous croyons enfin qu'il n'y a pas lieu de distinguer suivant que l'omission est le résultat d'une simple négligence, ou qu'il procède d'une intention mauvaise, d'un calcul deshonorant ; car on n'aura pas, dans un cas plus que dans l'autre, violé une obligation civile ; il n'y aura pas acte illicite dans le sens juridique du mot ; un élément essentiel à la faute, l'*illicite*, et par suite la faute elle-même exigée par les art. 1382 et 1383, comme condition de la responsabilité, fera défaut.

II. *De l'imputabilité de l'acte.*—Nous avons dit que la faute comprend, comme second élément, l'imputabilité. Il ne suffit pas que l'acte soit illicite, il faut qu'il ait été accompli avec *volonté* et *liberté*, c'est-à-dire qu'il soit imputable à son auteur. Imputer un fait, c'est le mettre sur le compte de quelqu'un, pour l'en rendre responsable, ce qui ne peut se faire évidemment qu'autant qu'on peut affirmer que l'auteur de ce fait a été à la fois cause volontaire et cause libre; s'il n'en a été que l'agent inconscient, ou s'il ne l'a accompli que contraint et forcé, toutes les lois civiles et humaines s'accordent pour proclamer qu'il n'y a ni imputabilité, ni, partant, responsabilité.

Notre Code pénal s'en explique formellement dans son art. 64 : « Il n'y a ni crime, ni délit, lorsque le prévenu était en état de démence au temps de l'action, ou lorsqu'il a été contraint par une force à laquelle il n'a pu résister» ; le Code civil est moins explicite; mais personne ne doute que notre principe ne trouve son application dans toutes les matières du droit, comme dans toutes les questions de morale. Pour certains auteurs, le législateur de 1804 a vu là un axiome de droit qui s'impose avec une telle force, que ce serait l'affaiblir que de le proclamer. Pour d'autres, c'est dans le mot *faute* de l'art. 1382 qu'il faut chercher notre seconde condition de la responsabilité civile, l'imputabilité. Nous croyons, nous, que le texte des art. 1382 et 1382 proclame autant que la raison philosophique cette vérité que l'imputabilité est une condition essentielle de toute responsabilité.

L'imputabilité suppose la conscience de l'acte accompli, ou *volonté*, et la *liberté*. En dehors de cette double condition, il n'y a que cas fortuit ou de force majeure, fatalité, et l'agent est affranchi de tout recours.

Ainsi l'acte du fou qui vient couper vos arbres pendant la nuit est illicite sans doute, mais il n'est pas imputable et vous devrez supporter le dommage sans aucun recours, comme s'il eut été causé par la tempête ou le feu du ciel, on est d'accord sur ce point; c'est un cas fortuit dit Ulpien, comme si une tuile se détache d'une façon imprévue d'un toit et cause la mort d'un passant. On pourra s'étonner que l'auteur du dommage, fut-il très-riche, soit admis à arguer de son état de démence, pour se soustraire à toute demande en dommages-intérêts; mais il n'y aura là qu'une application très-logique de ce grand principe du droit qui laisse les conséquences des cas fortuits ou de force majeure à la charge de ceux qui les ont subies.

Nous avons à rechercher les cas dans lesquels il y a défaut de volonté ou défaut de liberté. Nous parlerons ensuite des cas fortuits ou de force majeure.

1° *Défaut de volonté.* — La volonté est la faculté de délibérer et de se déterminer pour agir.

Or, cette détermination ne sera sérieuse qu'autant qu'elle sera raisonnée. L'homme privé de raison et de discernement n'est donc pas libre, et par suite il n'est pas responsable. Mais la raison et le discernement eux-mêmes des degrés et il serait impossible de

9

tracer théoriquement une limite précise où finissent
ces facultés. On ne peut cependant hésiter à l'égard
des mineurs encore dans l'enfance ni à l'égard du
fou.

Le mineur. — Le mineur même âgé de moins de
seize ans encourt une responsabilité pénale s'il a agi
avec discernement (art. 67 P.) ; il doit à plus forte
raison encourir la responsabilité civile. Les lois romaines le décidaient ainsi, il suffisait que le mineur
fût *injuriæ capax* (L. 5 § 2, D. ad leg. Aq.), et
l'art. 1310 du Code civil déclare dans le même sens
que le mineur n'est pas restituable de ses délits
ou quasi-délits : *nemin m in delictis ætas excusat.* Le
motif de ces décisions est que chez l'homme l'intelligence qu'i a des fautes commises contre autrui
précède la majorité.

Le mineur est donc susceptible d'encourir une
responsabilité civile ; mais quand dira-t-on qu'il l'a
réellement encourue, qu'il a été *doli capax ?* Aucun
doute ne peut s'élever pour les premières années de
la vie : l'enfant qui sait à peine balbutier et qui n'a
encore pu développer en lui la notion du bien et du
mal n'encourt évidemment aucune responsabilité,
même civile, à raison de ses actes. Mais cette notion
se développant graduellement, quand dira-t-on
qu'elle est arrivée à un degré de perfection
suffisant ? Notre loi a, avec raison, abandonné
cette question de fait à la sagesse des magistrats,
et ils décideront souverainement si le mineur âgé
de moins de seize ans avait un discernement assez

éclairé pour répondre de son fait. A cet égard, Pothier donne au juge quelques conseils utiles: « Dès qu'une personne, dit-il, a l'usage de sa raison et que l'on aperçoit dans le fait par lequel elle a causé quelque tort à un autre de la réflexion et de la malignité, le fait est un délit et la personne qui l'a commis, quoiqu'elle n'ait pas atteint l'âge de puberté, contracte l'obligation de réparer le tort qu'elle a causé. (*Oblig.*, n° 118). Le juge de l'action civile garderait sa liberté d'appréciation même après que le mineur de seize ans aurait été acquitté sur la poursuite criminelle, comme ayant agi sans discernement, car s'il n'a pas compris qu'il commettait un crime ou un délit, il a très-bien pu savoir qu'il faisait mal, qu'il lésait autrui et cela suffit à l'imputabilité en matière civile. Mais si, à l'inverse, le jury décide que l'acte a été commis avec discernement, le juge civil est tenu, lui aussi, de prononcer une condamnation.

M. Sourdat conseille en faveur de l'âge un ménagement d'une autre nature. Il pense que si le discernement est reconnu suffisant chez le mineur, le juge doit cependant tenir compte de la faiblesse de l'âge pour la fixation du montant de l'indemnité; car, dit-il, si la réparation se proportionne au préjudice causé, elle se mesure aussi à la faute d'où il résulte (n° 17). On ne saurait protester trop énergiquement contre cette solution. Elle n'est ni juridique ni équitable. Elle n'est pas juridique parce que l'imputabilité, ainsi que le fait remarquer M. Ortolan, n'est pas une condition susceptible de plus ou de moins; elle

existe ou n'existe pas ; parce que, si les art. 1382 et
1383 permettent d'attribuer au juge le droit de décider souverainement s'il y a dommage ou non, s'il y a
imputabilité ou non, ils ne l'autorisent pas, une fois
le dommage constaté et l'imputabilité reconnue, à
accorder une partie seulement de la réparation ; c'est
le dommage qui doit être réparé et non pas une partie du dommage. Elle n'est pas équitable, parce
qu'elle fait peser injustement sur la victime une partie du préjudice qui lui a été volontairement et librement causé. M. Sourdat allègue que la faute est
moins grande de la part d'un enfant. Sans doute, au
point de vue de la morale, le mineur qui n'a pas encore acquis toute l'expérience nécessaire pour se
garder du mal est moins répréhensible ; mais il ne
s'agit pas ici de mesurer sa culpabilité ; la faute,
dans l'art. 1382, nous ne nous lasserons pas de le
répéter, c'est le fait d'avoir commis un dommage injustement, c'est-à-dire sans droit, et en ce sens la
faute est la même pour le mineur, dès que l'acte
dommageable peut lui être imputé. La solution qu'on
nous propose est une des conséquences inadmis-
sibles auxquelles on arrive lorsqu'on s'écarte de la
signification juridique et légale du mot faute.

Le fou. — L'individu privé de raison ne peut vouloir,
parce que le désordre de ses facultés ne lui permet
ni de délibérer, ni de se déterminer. On ne peut dire
qu'il a voulu les actes qu'il a accomplis, il n'a été
que l'instrument d'une force fatale qu'il subissait sans
pouvoir la diriger. En droit civil donc, de même

qu'en droit pénal (art. 64), l'acte du fou ne lui est pas imputable et par suite, il ne saurait en être déclaré responsable. (Cass. 1er avril 1848). Telle était la décision des lois romaines et telle est aussi la doctrine de Pothier. La privation de raison devra, bien entendu, exister au moment où l'acte dommageable a été accompli, et on se gardera de transporter ici les art. 502 et 1124 du Code civil qui établissent une présomption d'incapacité dérivant de l'interdiction. Cette présomption est exceptionnelle, exhorbitante et écrite exclusivement en vue des obligations conventionnelles. Il n'y aurait pas du reste même motif pour l'appliquer à notre matière. Dans les contrats, celui qui traite avec une personne interdite est en faute, puisqu'il pouvait s'abstenir; au contraire, le délit et le quasi-délit sont l'œuvre d'une seule personne, la victime n'y a pris aucune part active, elle n'a aucune faute à s'imputer.

Si donc l'interdit a commis le dommage dans un de ces intervalles lucides qui lui laissent la libre disposition de ses facultés, il est de nouveau, et par un juste retour, soumis à la responsabilité de droit commun.

L'état d'ivresse. — Nous ne terminerons pas la question de l'imputabilité, sans dire quelques mots de l'influence qu'exerce l'ivresse sur la responsabilité de l'homme à raison de ses actes. L'ivresse détermine un dérangement au moins momentané des facultés mentales, assez analogue aux affections mala—

dives dont nous venons de parler. Mais les auteurs
s'accordent à y voir un état juridique bien différent de celui qui résulte de la folie, parce que,
disent-ils, l'ivresse est elle-même un acte volontaire
et une faute grave qui doit être considérée comme la
cause du dommage. Nous n'avons à nous occuper
que de l'ivresse complète, de celle qui a pu exercer
sur les facultés intellectuelles un dérangement suffisant pour faire perdre l'usage de la raison et
détruire la volonté. Des opinions très-diverses se
sont produites.

Sénèque tranchait la question en philosophe moraliste. Selon lui, il fallait absoudre quiconque avait
pris toutes les précautions nécessaires pour éviter les
actes fâcheux qu'occasionne l'ivresse. Le passage de
Sénèque mérite d'être cité : « Ebrietatis sum teme-
ritatem ac petulantiam metuunt, mandant suis ut o
convivio auferantur ; intemperantiam in morbo suam
experti parere sibi in adversa valetudine vetant :
optimum est notis vitiis impedimenta prospicere
(Sen. de Ira III, 14). Voët induit de ce texte que quiconque est enclin à l'ivrognerie ne commet une faute
que s'il ne prend pas de précautions pour en prévenir les suites : on ne peut, certes, être plus indul-
gent.

D'autres auteurs ont fait une distinction entre
l'ivresse volontaire et l'ivresse involontaire ; la première seule constituerait une faute entraînant responsabilité, non la seconde. Cette solution est peu
rationnelle ; car, d'ordinaire, l'ivresse est involon-

taire, et ceux-là même qui s'y exposent le plus com-
plaisamment n'ont pas l'intention, la volonté prémé-
ditée de rechercher cet état dégradant. Que si
cependant il était démontré qu'un individu a
recherché l'état d'ivresse pour commettre un délit,
il ne faudrait pas hésiter à voir dans un tel calcul, la
volonté nécessaire à l'imputabilité de l'acte.

Pothier rendait l'ivrogne responsable dans tous les
cas ; car, dit-il, un homme ivre diffère des enfants
et des insensés, auxquels on ne peut imputer aucune
faute. (*Oblig.* n° 119.)

Marcadé, tout en cherchant à soustraire l'ivrogne
aux conséquences de l'action publique, aux termes
de l'art. 64 du Code pénal, l'abandonne absolument
aux suites de la responsabilité civile : « L'ivresse,
dit cet auteur, quelque profonde qu'elle fût, ne saurait faire obstacle à la réparation, puisqu'il y a obligation de réparer tout dommage causé par une *faute*,
si légère qu'elle soit et qu'il y a faute à s'enivrer.
Sans doute, l'ivresse pourra diminuer assez l'usage
de la raison pour qu'il ne puisse plus y avoir délit
criminel ; mais il y aura toujours faute pour le fai
même de s'être enivré, et il y aura dès lors, en matière civile, sinon délit, du moins quasi-délit. » (Sous
les art. 1382 et 1383).

Enfin, disons que la généralité des auteurs n'a pas
considéré l'ivresse et le dérangement intellectuel qui
en résulte comme un motif d'excuse, au moins en matière civile (Merlin, Rép. *Quasi-délits*, XII ; *Excuses*,
n° 3 et 4. — M. Laromb. sous les art. 1382 et 1383,

n° 23. — MM. Aubry et Rau, § 444. — M. Sourdat, n° 19.)

Le code prussien est entré dans ces idées. Il porte à la première partie, t. VI, art. 40 : « Celui qui se met dans un état où il ne dispose pas librement de ses facultés répond du dommage qu'il a causé dans cet état. »

Une ordonnance de François Ier du 3 août 1536 était allée plus loin. Elle porte que, si quelqu'un commet un crime dans l'ivresse, il sera puni de la peine due au délit, et de plus, pour raison de l'ivresse, à l'arbitrage du juge.

On connaît la loi récente du 3 février 1873 qui réprime pénalement l'ivresse publique.

Nous n'avons à nous occuper ici de l'ivresse que quant aux réparations civiles. Que devons-nous penser, à cet égard, des différentes solutions doctrinales ou législatives rapportées ci-dessus ? Nous avons le regret de dire qu'aucune ne nous a paru acceptable ni rationnellement ni juridiquement.

On nous dit que l'homme qui s'est mis en état d'ivresse a commis une faute. Sans doute, il y a là une circonstance fâcheuse qui a précédé l'acte dommageable ; mais est-ce le seul cas où un dommage ait pour cause éloignée, pour cause occasionnelle, quelque acte que la morale, que la loi même condamne ? Ainsi la folie : qui ne sait, hélas, qu'un grand nombre de ces affections ont été déterminées par des passions et des entraînements qui sont aussi une faute et une faute autrement répréhensible que

l'ivresse, et cependant cette cause, sans doute parce
qu'elle est plus éloignée que l'ivresse, n'a jamais été
invoquée pour soutenir l'imputabilité des actes du
fou. L'ivresse elle-même, lorsqu'elle est prolongée,
ou trop souvent répétée, produit sur l'homme un
état de dégradation voisin de la folie ou de l'idio-
tisme, le *delirium tremens* ou folie alcoolique. Dira-
t-on que dans ce nouvel état, aggravation de l'ivresse
accidentelle, l'ivrogne, participant des bénéfices du
dément, acquiert une immunité qu'il n'avait pas
tant qu'il avait su poser quelques limites à son in-
tempérance ? Il faudrait cependant bien arriver à
cette conséquence, dans la doctrine que nous es-
sayons de réfuter, à moins qu'on aime mieux, ce qui
est plus inadmissible encore, établir une distinction
dans la folie, suivant la cause dont elle procède, pour
avoir le fou responsable et le fou irresponsable.....!

Il y a, à notre avis, dans les solutions qu'on nous
propose une confusion, souvent signalée déjà, entre
la faute, c'est-à-dire le fait d'avoir causé volontairement, librement et sans droit un dommage à autrui,
et les circonstances qui ont accompagné ce fait. L'i-
vresse est une faute, cela est vrai, et, lorsqu'elle s'est
produite en public, elle est aujourd'hui réprimée
pénalement; mais l'ivresse, ce n'est pas le fait
d'avoir commis le dommage sans droit et avec
volonté et liberté, ce n'est donc pas la faute dans
le sens de l'art. 1382. L'auteur du dommage, fut-il
ivre, a agi sans droit, nous sommes d'accord sur ce
point; mais avait-il l'usage de sa raison, la *volonté*

nécessaire à l'imputabilité, ou n'a-t-il été que le jouet inconscient d'hallucinations fatales? telle est la véritable question. Le juge aura à l'examiner et à la résoudre en fait. Le plus souvent, l'agent du délit n'aura trouvé dans l'ivresse qu'un stimulant, une incitation au mal, rarement il n'aura pas gardé assez de raison, nous ne disons pas pour modérer ses emportements, régler sa colère ou ses passions, mais au moins pour distinguer le bien du mal et se prononcer pour l'un ou pour l'autre; et cela suffit pour le rendre responsable, car, dès lors, il y aura eu de sa part *volonté*. Si cependant cet homme avait perdu sa raison, autant ou plus que le fou, comment, nous le demandons, pourrait-on le traiter autrement que le fou lui-même? n'y a-t-il pas chez l'un comme chez l'autre absence de volonté, et par suite non imputabilité? Une distinction conduirait d'ailleurs à rendre l'homme ivre responsable *dans tous les cas*, non-seulement civilement, mais pénalement, et on verrait ainsi traîner à la mort, peut-être, des malheureux qui n'auraient pas eu conscience du crime à eux reproché! Que l'on soit sévère dans l'application, contre l'individu qui allègue son état d'ivresse, nous le voulons bien ; que jusqu'à preuve du contraire, on le répute en possession de sa raison, cela est juste ; qu'on mette à sa charge le fardeau de la preuve, très-bien ; mais nous ne croyons pas qu'on puisse aller plus loin, sans fausser toutes les notions du droit sur l'imputabilité et s'exposer à commettre de véritables iniquités.

2° *Défaut de liberté.* — La liberté est la faculté d'exercer, à notre gré, l'activité qui nous est propre. On remarquera que cette définition, que nous sommes heureux d'emprunter à un ancien et bien cher maître (1), envisage l'homme dans ses facultés intellectuelles, et dans ses rapports avec les choses intérieures. Nous n'avons à examiner la liberté qu'à ce dernier point de vue. L'influence extérieure, capable d'entraver ou de détruire la liberté, peut être une violence morale ou une contrainte physique.

Lorsque la violence aura été purement morale, il sera, la plupart du temps, difficile de reconnaître si l'influence exercée par un tiers a été suffisante pour détruire la liberté de l'auteur du dommage.

Il faudra distinguer deux situations différentes, suivant qu'il existait entre ces deux personnes des rapports de subordination, ou qu'il n'en existait pas. Dans le premier cas, il y aura présomption d'irresponsabilité en faveur de l'agent ; dans le second cas, au contraire, il y aura comme en droit commun, présomption de responsabilité. Mais dans les deux cas les juges auront à décider une question de fait, d'après les circonstances.

Ces solutions ne sont cependant pas acceptées sans conteste, et les moralistes eux-mêmes sont ici divisés. Selon saint Augustin, le subordonné, et notamment le soldat ne doit pas discuter l'ordre de de son chef, il doit obéir ; mais par un juste retour, le chef est seul responsable. Grotius, Barbeyrac et

(1). M. Leclère. *Études classiques de philosophie.*

Rossi sont d'un avis contraire. Pour eux le soldat n'est pas tenu, dans toutes les situations, à une obéissance passive ; s'il est convaincu de l'iniquité de l'ordre qu'il reçoit, il doit refuser de l'exécuter sous peine d'encourir la responsabilité de droit commun. Ces opinions nous ont paru trop radicales. Pour y échapper et rester fidèle à la théorie de l'imputabilité, nous allons proposer une solution intermédiaire qui tient compte des circonstances et permet toujours de trancher la question en fait.

Et d'abord nous nous garderons bien d'admettre une autre doctrine qui mesure la responsabilité de l'agent par un procédé en quelque sorte mathématique. On compare le dommage dont l'agent du délit était menacé à celui qu'il a lui-même occasionné à autrui ; le premier est-il supérieur au second, l'agent est irresponsable, est-il au contraire inférieur, l'agent est responsable. Une telle doctrine n'est pas seulement contraire au principe de l'imputabilité, qui suppose qu'on a constaté en fait la liberté de l'auteur de l'acte, elle est en opposition avec l'esprit de la législation. En vain invoquerait-on des textes du droit romain, et notamment la loi 29 *ad leg. Aq.* rédigée sous l'influence de la philosophie de Zénon ; nous préférons le système plus rationnel de l'art. 1112 du Code civil, ainsi conçu : « Il y a violence lorsqu'elle est de nature à faire impression sur une personne raisonnable, et qu'elle peut lui inspirer la crainte d'exposer sa personne ou sa fortune à un mal considérable et présent. On a égard, en cette matière, à l'âge, au sexe et à la condition des personnes. »

Cette disposition est écrite en vue spécialement des obligations conventionnelles, mais l'esprit dans lequel elle est conçue révèle la pensée dominante du législateur, dont l'interprète doit toujours s'inspirer. Nous n'hésitons donc pas à transporter dans notre matière la sage disposition de l'art. 1112.

Lorsque la violence est matérielle, elle exerce ordinairement une action plus directe, une contrainte plus efficace sur celui qui la subit ; qu'elle vienne de l'homme ou des choses extérieures, la solution sera à même. Si la violence anéantit la liberté, la responsabilité disparaît en même temps : en pareil cas, l'agent apparaîtra comme l'instrument passif et, pour ainsi dire mécanique, par lequel une force extérieure responsable ou non aura produit un effet. Il y aura comme précédemment une question de fait que les juges auront à décider souverainement.

3° *Force majeure et cas fortuit.* — La force majeure (*casus major, vis divina*) en général, est toute force à laquelle on ne peut résister, soit en droit, soit en fait. Lorsque la force majeure résulte des forces de la nature, et non de l'action de l'homme, elle prend plus spécialement le nom de cas fortuit (*casus minor*). Nous citerons, à titre d'exemple de cas fortuit ou de force majeure, la grêle qui brise les vitres d'un appartement, anéantit les ré—

coltes ; la foudre qui allume l'incendie ; la tempête qui renverse tout sur son passage ; le *fait du prince*, ou actes de la puissance publique ; les faits de guerre ; l'attaque des brigands ou des voleurs à main armée.

La force majeure et le cas fortuit ne donnent lieu à aucune responsabilité ; le dommage qui en résulte est, en conséquence, définitivement supporté par la victime. Le législateur l'a décidé ainsi pour les contrats, dans l'art. 1148, du Code civil, et la solution s'applique incontestablement ici. Dans l'hypothèse d'un cas fortuit, le recours de la partie lésée ne se comprendrait même pas, puisqu'elle ne trouverait aucun agent responsable à qui s'adresser ; et, dans l'hypothèse de la force majeure proprement dite, on suppose, chez l'agent, l'absence de liberté, ou tout au moins une nécessité d'action. Lorsque la force majeure est l'effet de la volonté déterminée et libre de l'homme, elle peut être légitime ou illégitime. (Nouveau Denizart : v° Force majeure.) Elle est légitime quand elle est exercée par qui a le droit d'employer la force ; par exemple, par l'autorité publique dans les cas définis par la loi ; par celui qui défend sa vie contre une agression : nous nous en sommes occupé précédemment. Elle est illégitime, dans les autres cas, et alors le fait constitue à la fois un crime ou un délit, à la charge de l'auteur de la violence, et un cas de force majeure, par rapport à celui qui la subit : tels sont souvent les faits de guerre, et toujours l'attaque des brigands.

Domat fournit deux exemples saisissants de dommages que l'on est contraint de causer à autrui et qu'il faut attribuer à un cas fortuit. Nous ne pouvons mieux faire que de les citer textuellement :

« Si un coup de vent jette un vaisseau sur les cordes des ancres d'un autre vaisseau, et que le capitaine, ne pouvant se dégager autrement, fasse couper les cordes, il ne sera pas tenu de ce dommage, qu'un cas fortuit a rendu nécessaire. Il en est de même de ceux qui, dans un incendie, ne pouvant sauver une maison où le feu va prendre, abattent cette maison pour sauver les autres. Car, dans ces sortes d'événements, c'est le cas fortuit qui cause la perte, et chacun en souffre, ce qui le regarde. Mais cette licence suppose une nécessité pour le bien public, dont un particulier ne doit pas être juge. Dans ce cas, il y est pourvu par les officiers de la police ou par la multitude qui, voyant le péril, a droit d'y pourvoir. » (Domat. Liv. 2, t. 8, sect. 4, § 7.)

CHAPITRE II.

NATURE ET ÉTENDUE DE LA RESPONSABILITÉ. DOMMAGES INTÉRÊTS.

Lorsque les deux conditions analysées dans le chapitre précédent, le fait dommageable et la faute définie comme nous l'avons fait, concourent, il en résulte, pour l'agent responsable, l'obligation de réparer le préjudice qu'il a causé.

On distinguait autrefois les *réparations civiles* proprement dites d'avec les *dommages-intérêts*. Par réparations civiles, les auteurs anciens entendaient principalement la réparation d'un tort causé à un individu dans sa personne, dans son honneur ou sa considération; et ils réservaient l'expression dommages-intérêts pour indiquer le dédommagement dû à celui qui a souffert une lésion dans ses biens, une diminution dans son patrimoine. Une autre distinction était faite : réparations civiles ou intérêts civils s'appliquaient plutôt aux délits , et , dommages-intérêts, aux quasi-délits. (Denizart. Rép. Civ. N° 17.)

Ces distinctions sont peu connues aujourd'hui ; cependant la première n'est pas étrangère à notre législation pénale, ainsi qu'on peut le voir en consultant la loi du 10 vendémiaire an IV, sur la police intérieure des communes. Cette loi, par ses art. 1 et 5 du titre 5, rend les communes responsables des rassemblements ou attrouppements qui auraient lieu sur leur territoire ; elles sont tenues de la restitution des objets enlevés aux habitants ou du paiement du prix au double : eh bien la restitution en nature est formellement placée en opposition à la réparation civile consistant en un dédommagement pécuniaire.

Dans la législation civile, la nuance entre nos deux expressions disparaît et M. Sourdat dit qu'elles sont devenues synonymes. (N° 455, v° aussi Rej. Cass. 20 nov. 1832. D. 33, 1, 58.) Nous emploierons donc indifféremment l'une pour l'autre dans le sens le plus large, et nous étudierons successivement dans deux sections différentes, d'abord la nature, puis l'étendue de la réparation.

SECTION PREMIÈRE.

Nature de la réparation.

D'une manière générale, la réparation d'un dommage consistera dans la reconstitution du patrimoine de la partie lésée. Ce but pourra être atteint soit au moyen d'une prestation en nature *adequate* au dom-

mage; par exemple, la restauration des clôtures dé-
truites, la restitution de la chose volée ; soit au moyen
d'une indemnité pécuniaire, tenant lieu de la prestation en nature. Le but évident de la loi est d'offrir à la victime l'équivalent le plus rapproché
possible du préjudice qu'elle a souffert. Nous
ne dirons donc pas, avec M. Sourdat (n° 468),
que la réparation « ne peut, en principe, consister que dans l'allocation d'une somme d'argent. » Ce qui est vrai, et en réalité M. Sourdat ne
l'entend pas autrement, c'est que la réparation en
nature, qui peut toujours être ordonnée par le juge,
se résoudra, nécessairement, à défaut d'exécution,
en une indemnité pécuniaire. La maxime romaine,
nemo potest cogi ad factum a en effet passé dans
notre code, et l'art. 1142 dispose que : « toute obligation de faire, ou de ne pas faire, se résout en
dommages-intérêts au cas d'inexécution de la part du
débiteur », ce qui doit s'entendre des obligations nées
d'un délit ou d'un quasi-délit, aussi bien que des
obligations contractuelles. Ainsi, le pouvoir du juge
se trouve sagement limité : appréciateur souverain
du dommage, il pourra toujours condamner à une
réparation de la même nature que le dommage ; il
pourra même prescrire qu'une telle réparation sera
exécutée *manu militari* : mais il ne pourra jamais
l'exiger de vive force de la part du délinquant, ce
serait aller contre l'adage : *nemo potest cogi ad factum.* Quelques exemples vont éclaircir la pensée :

J'ai endommagé volontairement ou involontaire-.

ment la clôture de votre parc ; les tribunaux pourront m'ordonner de réparer la clôture, de la remettre en son premier état ; mais si je m'abstiens et n'obtempère pas à l'ordre de la justice, vous ne pourrez me contraindre par la force : votre droit se réduira, soit à faire faire les travaux à mon compte, soit à exiger de moi une indemnité pécuniaire qui vous tienne lieu de réparation.

De même, lorsqu'une maison a été incendiée, les tribunaux ne peuvent évidemment forcer l'incendiaire à la reconstruire lui-même ; l'obligation se résout en argent (Nancy, 9 août 1849 ; Paris, 3 janvier 1850, S. 51, 2, 129).

En cas de vol, la restitution de l'objet volé est le premier élément de la réparation ; ici la résistance du voleur pourra être vaincue par la force, parce que ce ne sera pas le contraindre *ad factum* ; mais on ne pourrait aller au delà, et s'il était condamné, par exemple, à rapporter l'objet à l'endroit où il l'aurait pris, il faudrait renoncer à l'y forcer *manu militari* ; car ce serait une contrainte *ad factum*.

S'il s'agit d'ouvrages nuisibles, le tribunal peut en ordonner la supression, et charger des travaux, soit le défendeur personnellement, soit à ses frais une autre personne. On peut toujours vaincre la résistance qu'il opposerait à l'exécution des travaux de destruction, bien qu'on ne puisse jamais le forcer à les exécuter lui-même. Toutefois, lorsque les ouvrages nuisibles ont été faits par l'État, le département ou la commune, le principe de la séparation des pouvoirs s'oppose à ce que la destruction soit ordonnée contre la volonté de l'administration. (Lebon, C. d'Et. 30 déc. 1842, p. 549 et 550; — 2 mai 1845, t. 15, p. 212; — 4 juillet 1845, t. 15, p. 381; — 27 août 1846, t. 16, p. 455.)

Autre exemple : Vous avez tué mon chien à l'approche de l'ouverture de la chasse, et vous en possédez un absolument semblable; des auteurs vont jusqu'à autoriser le tribunal à vous condamner à me remettre le vôtre à titre de réparation. Cette solution nous paraît équitable et juridique ; mais les difficultés pratiques qu'elle présente font que les tribunaux, libres sur le choix des moyens, y ont rarement recours.

La question se pose plus fréquemment dans les engagements contractuels ; comme elle se résout de même, nous citerons le cas assez fréquent, où un domestique refuse, malgré ses engagements, de servir son maître ; les tribunaux ne peuvent sans excéder leurs pouvoirs, ordonner la prestation des services ; ils se borneront à prononcer des dommages-intérêts (Cass. 23 août 1810. D. A. Compétence, p. 444; — Cass. 7 juillet 1808, S. 10, 1, 85.) Il en eût été autrement, sans doute, à l'époque où une partie de la population laborieuse, attachée à la glèbe, pouvait y être ramenée, en vertu du droit de *poursuite* qu'exerçait le seigneur.

Les tribunaux, qui apprécient le dommage pour y proportionner la réparation pécuniaire, peuvent faire consister cette réparation, soit en une somme fixe,

une fois payée ; soit en une rente, ou annuité. Ils
peuvent même aller plus loin, et n'accorder ces indemnités annuelles que sous une condition tirée des
circonstances. Ainsi, la Cour de Dijon a maintenu la
disposition d'un jugement qui allouait à une femme,
dont le mari avait été tué, une rente, à condition que
cette rente serait réduite de moitié si la veuve con-
volait en secondes noces. (Dijon, 23 nov. 1866,
D. 67, 2, 13.)

De même, les tribunaux peuvent prendre, en faveur de la partie lésée, toutes les mesures provi-
soires qui leur sont commandées par l'urgence, par
exemple, accorder une provision à titre de secours
pour procurer a la victime les premiers soulage-
ments. Ce pouvoir est concédé aux tribunaux de
répression par l'art. 188, Instr. crim., et on n'hésite pas à reconnaître le même droit aux tribunaux
civils. (Aix, 14 mai 1825, D. 26, 424.)

De même encore les intérêts afférents à la valeur
d'un objet détourné, ou à la valeur du dommage
peuvent être alloués, non-seulement du jour de la
demande, aux termes de l'art. 1153, mais même du
jour du délit ou quasi-délit. C'est encore une des
formes que revêt la réparation. (Bruxelles, 2 juin
1814, *Dall. Oblig.*, p. 791, n° 3, 1re édition. — Lo
19 déc. 1850, *sur l'usure*.)

Dans certaines circonstances prévues par les lois,
les tribunaux peuvent prendre des mesures spéciales,
en vue de donner à la partie lésée une satisfaction
plus complète. L'art. 1036 du Code de procédure

les autorise à prononcer, même d'office, des injonctions, à supprimer des écrits, les déclarer calomnieux et ordonner l'impression et l'affiche de leurs jugements; et on peut consulter dans le même ordre d'idées les art. 1143, Code civil ; 88 et 512, procédure; 504, Instr. Cr.

Les tribunaux usent fréquemment de cette prérogative pour arrêter les faits de concurrence illicite, entre commerçants, et d'usurpation déloyale d'enseignes, vignettes ou autres signes de fabrique. La sanction de ces injonctions et défenses judiciaires ne consiste que dans des dommages-intérêts qu seraient inévitablement prononcés en cas d'infraction (arrêt C. de Paris 18 janv. 1844.)

Quant aux publications injurieuses, les tribunaux ordonnent, indépendamment d'une réparation pécuniaire, s'il y a lieu, la rectification des faits inexacts, et, au cas de refus, ils pourront aller jusqu'à autoriser la saisie des exemplaires publiés sans les rectifications prescrites. (Affaires des Mémoires du duc de Raguse. Paris 17 avril 1858 ; D., 60, 2, 109.)

Nous ne confondrons pas les saisies, dont il vient d'être question, ou autres injonctions de même nature, avec la confiscation proprement dite du corps du délit, c'est-à-dire des choses produits par le délit ou ayant servi à la commettre. Cette confiscation, lorsqu'elle a lieu à titre de peine, ne peut être prononcée que par les tribunaux criminels ou correctionnels. Les tribunaux administratifs eux-mêmes ne seraient pas compétents à cet effet.

L'affiche, que l'art. 1036 autorise d'une manière générale, est autorisée par plusieurs lois spéciales ; nous citerons notamment :

La loi du 5 juillet 1844, sur les brevets d'invention, art. 49 ;

La loi du 27 mars 1851, sur les fraudes dans la vente des marchandises ;

La loi du 26 mai 1819, art. 26, pour le cas de condamnations prononcées à raison de délits commis par voie de publication.

L'art. 10 du Code de procédure qui permet au juge de paix, en cas de trouble à son audience, de condamner d'office les parties à l'amende et à l'affiche du jugement.

Lorsque la condamnation n'est pas prononcée d'office, aux termes de l'art 1036 pr., elle doit être demandée par les parties ; et alors la demande suit le le sort de toute action en dommages-intérêt, c'est-à-dire qu'elle ne peut être portée que devant les tribunaux compétents pour statuer sur les réclamations de cette nature.

On s'est demandé si la partie lésée peut publier à ses frais le jugement qu'elle a obtenu ? La jurisprudence a plusieurs fois tranché la question négativement, par cette consideration que l'affiche serait une peine ou un supplément de réparation non prononcés par le tribunal. (Paris 1er juin 1831. S. 31, 2, 205 D. 31, 2, 219 ; 23 fév. 1839 D. 39, 2, 85.) Mais il y a sur ce point quelque hésitation de

la part des auteurs ; car, dit-on, la publicité est de
droit et la presse périodique en use chaque jour librement (Rennes 27 janv. 1868, S. 68, 2,
69); or l'affiche n'est qu'une sorte de publication.
Nous croyons qu'il y a là une question de tempérament et de mesure : la publicité constitue un droit,
cela est vrai ; néanmoins, il n'est pas plus permis,
par ce moyen que par tout autre, de causer un dommage à autrui, à moins que le droit à tel mode de
publicité ne résulte de la loi ou d'un usage qui ait
la même force. Par conséquent, tout en condamnant
la publication par voie d'affiche, nous n'hésitons pas
à reconnaître la légalité de la publication par la voie
ordinaire de la presse.

Nous ne transporterons pas ici la disposition de
l'art. 1146, Code civil, qui porte qu'en général les
dommages-intérêts ne sont dus que lorsque le débiteur est en demeure de remplir son obligation. On
ne comprendrait pas que nous fussions tenus de
mettre autrui en demeure de ne pas nous nuire, ou
plutôt chacun est suffisamment averti par la loi d'a-
voir à respecter le droit d'autrui ; et si chacun est
tenu d'une obligation de ne pas faire, c'est l'art.
1145 qui s'applique pour imposer les dommages-
intérêts par le seul fait de la contravention. Les
dommages-intérêts sont donc dus non pas *ex mora*
mais *ante moram* (Toullier 6, 269 ; Cass. 8 mai 1832
D. 176.)

SECTION II

Étendue de la responsabilité.

La réparation, qu'elle ait lieu en nature ou par équivalent pécuniaire, tend à remettre dans son état antérieur le patrimoine diminué par suite d'un délit ou d'un quasi-délit. Dans les deux cas, elle doit correspondre à l'étendue du dommage. Nous avons dû faire connaître précédemment à quelles conditions un préjudice éprouvé par le fait d'un tiers constitue le dommage exigé par l'art. 1382, pour donner lieu à une réparation civile ; nous ne reviendrons pas sur ce point ; mais après avoir considéré le préjudice, quant à la composition actuelle du patrimoine, il nous reste à l'envisager dans ses conséquences définitives sur la fortune de la victime. A ce point de vue, on remarquera qu'on peut léser quelqu'un non seulement en diminuant ses biens présents, mais encore en l'empêchant d'en acquérir de nouveaux. La réparation devra donc embrasser cette seconde partie, aussi bien que la première ; on exprime quequefois cette idée en disant que les dommages-intérêts doivent comprendre : *Damnum emergens et lucrum cessans.* La règle du droit romain est traduite dans notre Code sous l'art. 1149, ainsi conçu : « Les dommages et intérêts dus au créancier sont en géné-

ral de la perte qu'il a faite et du gain dont il a été
privé... » Cette disposition, écrite pour les contrats,
exprime un principe général qui domine toutes les
obligations, et il s'applique évidemment à celle dont
est tenu l'auteur d'un délit ou d'un quasi-délit. Mais
ici, comme précédemment, lorsque nous traitions de
la perte éprouvée dans un bien acquis et présent
(*damnum emergens*), on comprend la nécessité de
poser une limite à notre règle, qui attribue à la victime le gain non réalisé (*lucrum cessans*) et de s'arrêter dans les déductions. A mesure que les conséquences futures du fait s'éloignent, elles sont aussi
moins certaines, et, comme nous l'avons dit, les
dommages-intérêts ne doivent s'appliquer qu'aux
préjudices certains. La limite théorique sera donc,
pour le *lucrum cessans*, comme pour le *damnum emergens*, dans la distinction que nous avons faite et
expliquée, entre les dommages directs et les dommages indirects, et nous ne pouvons, pour les difficultés d'application, que renvoyer à ce qui a été dit
plus haut.

On s'est demandé si parmi les dommages directs
consistant, soit dans une perte subie, soit dans un gain
manqué, une sous distinction ne doit pas être faite
entre les dommages prévus et les dommages impré-
vus. Pour l'affirmative, on invoque un argument d'a-
nalogie tiré de l'art. 1150, au titre des obligations
conventionnelles, lequel dispose que le débiteur, non
coupable de dol, n'est tenu que des dommages qui
ont été prévus ou que l'on a pu prévoir lors du con-

trat. Mais l'assimilation que l'on cherche à établir et qu'en d'autres circonstances nous avons invoquée nous-mêmes, entre les obligations contractuelles et les obligations quasi-*délictuelles*, ne semble pas exister ici : il ne faut pas oublier que si, dans les contrats, le législateur se relàche de la rigueur du principe qui exige l'entière réparation du dommage direct, c'est qu'il interprète en ce sens la loi du contrat ; il est certain, en effet, que les parties contractantes n'ont pu stipuler, ou avoir en vue, que les dommages prévus ou qu'on pouvait prévoir ; aussi on n'exige pas davantage de l'obligé, lorsqu'il a été de bonne foi ; au contraire, en dehors des conventions, on ne saurait opposer à la partie lésée par un quasi-délit qu'elle n'a pu compter que sur telle réparation : elle a compté sur l'intégralité de son patrimoine, et elle a droit par suite à la réparation de toute atteinte prévue ou non prévue qui y a été directement portée. (*Domat*, liv. 2, t. 8, p. 9 *in fine* et note p. 136.)

Les tribunaux ont un pouvoir discrétionnaire pour décider si un dommage existe et pour en mesurer l'étendue ; mais cette appréciation, nous l'avons dit, doit mesurer exactement l'importance de la réparation ou le montant de l'indemnité qui en tient lieu, quelle que soit la ténuité de la faute. Il existe toutefois une opinion différente, d'après laquelle le juge pourrait réduire l'indemnité, pour la proportionner au degré de la faute.

Voici en quels termes s'exprime M. Sourdat, dont la doctrine est adoptée par M. Dalloz, dans son

Répertoire de Jurisprudence : « Le juge, dit le savant magistrat, toutes les fois qu'il aura pu saisir et constater l'existence d'une faute quelconque, devra-t-il nécessairement condamner l'agent à la réparation *complète* du dommage? Faudra-t-il que ses regards soient uniquement fixés sur l'étendue du préjudice pour y proportionner toujours d'une manière exacte et absolue la valeur des dommages-intérêts? Nous penchons à croire qu'il faut admettre quelques tempéraments. »

L'auteur les admet en effet ces tempéraments, et bientôt, sur la pente glissante où il se place, il fait un pas de plus, et, si nous ne nous trompons, tombe dans l'arbitraire. Qu'on en juge: « Les circonstances de chaque espèce seront déterminantes. Ainsi, tantôt, ce sera l'hypothèse la plus ordinaire, le juge devra condamner à la réparation de tout le dommage, bien que la faute soit légère; tantôt, il lui sera permis, à cause de la ténuité du délit, de modérer les dommages-intérêts, de manière qu'ils deviennent une satisfaction morale plutôt qu'une réparation matérielle. »

Nous sommes loin sans doute de l'article 1382 que nous pouvons paraphraser ainsi: Tout fait quelconque,... ayant causé un dommage... oblige celui qui l'a commis à le réparer,... s'il y a faute de sa part, c'est-à-dire si le fait est illicite et imputable. Et sur quoi fonde-t-on un tel mépris du texte? On allègue la faiblesse de la nature humaine; on ne peut, dit-on, faire le procès à la fragilité invincible

de l'homme (Proudhon, Usuf., 3, n° 1513); la faute
peut être assez légère pour être excusable ; et les articles 1382 et 1383 n'ont pas eu pour but de quali-
fier la faute et de déterminer celle qui doit être considérée comme suffisante (même auteur, n° 1517);
par conséquent la conscience est le meilleur guide !
Nous répondrons : Sans doute, lorsque la loi n'a
pas statué, la conscience, éclairée par les principes
juridiques est le meilleur guide et même le seul guide
possible; mais lorsqu'un texte existe, il vaut toujours
mieux s'y conformer; parce que la loi est la meilleure
sauvegarde de nos droits : *sub lege libertas.* Or, encore une fois, la loi est claire; dès qu'il y a faute, le législateur exige la réparation du dommage, c'est-à-dire,
apparemment, de tout le dommage, si les mots ont encore un sens. On nous oppose une graduation dans la
faute; sans doute, plus d'une fois la législation ou la
doctrine ont mesuré la faute et distingué entre la faute
lourde, la faute légère et la faute très-légère (nous
n'avons pas à parler du dol). C'est le thème de la
théorie des fautes; mais pourquoi ? Est-ce pour y
proportionner la réparation et décider qu'il y aura
réparation totale, ou demi-réparation ? Jamais ; c'est
toujours pour savoir si les dommages-intérêts seront
accordés pour le tout ou refusés pour le tout. C'est,
en un mot, une condition de recevabilité de l'action.
Oserait-on transporter dans les contrats la théorie
que nous combattons ? Évidemment non. Y a-t-il du
moins des raisons particulières pour l'appliquer dans
la matière des délits et quasi-délits ? Nous aperce-

vons, au contraire, des motifs particuliers pour l'en
exclure. Nous avons établi que la faute réside dans
le fait d'un agent responsable qui cause, sans droit,
préjudice à autrui ; que cette faute n'est susceptible
ni de plus ni de moins, parce qu'elle constitue toujours la violation d'un droit et qu'une faute ne peut
devenir légitime même pour moitié ; qu'enfin la partie lésée, n'a aucun tort à s'imputer ; elle n'a pas, en
effet, comme la partie contractante, à se reprocher de
s'être mise en rapport avec un individu qui ne pouvait lui offrir une sécurité complète ; on est venu
l'attaquer en quelque sorte chez elle, alors qu'elle se
croyait en sûreté, comptant sur la protection de
la loi ; comment donc laisser à sa charge une partie du dommage dont un autre est le seul agent
l'auteur unique, *Deus ex machina?* Ce serait évidemment aussi injuste qu'anti-juridique. On nous opposé
un seul arrêt, de la Cour de Liège, du 20 février
1810 et, à notre sens, il n'est pas absolument con-
cluant. Il s'agit d'un accident occasionné au moyen
d'une balle de laine lancée d'un étage supérieur ;
un ouvrier fut atteint et tué sur le coup. La Cour
pensa qu'il y avait lieu d'arbitrer les dommages-
intérêts (*D. Alph.*, p. 701, n° 1, 1re édition) ; nous
eussions été de son avis, étant admis, ce qui semble
exister dans l'espèce, que l'ouvrier avait une part de
responsabilité à s'imputer. Sans doute la modération
apportée dans la condamnation est motivée sur cette
circonstance qu'une part devait être faite au cas fortuit, mais sans nous arrêter à ce considérant, nous

prenons le résultat; et nous ne le trouvons pas en
opposition avec la doctrine que nous venons d'exposer et dans laquelle nous persévérons avec une
conviction entière.

Nous ne confondrons pas avec le cas précédent
celui où la partie lésée a elle-même participé à l'accomplissement du dommage, ou en a aggravé l'importance. Il y a alors deux agents responsables du
préjudice, chacun dans la juste mesure de la part
qu'il y a prise. Supposons que le dommage a été
causé par deux individus qui se battaient ; ils seront
tenus conjointement, alors même que l'un d'eux seulement aurait produit l'effet direct et matériel qui a
déterminé l'accident. On déciderait de même si l'objet endommagé ou détruit appartenait à l'un des
deux auteurs du dommage ; le propriétaire de l'objet
ferait confusion sur lui-même pour la partie dont il
est tenu (Riom 11 mars 1851, D. 53, 2, 70 ; Lyon
16 janv. 1062, D. 63, 5, 829 ; Laromb. t. 5, p. 709.)
Nous devons dire que la loi prussienne statue dans
un sens absolument contraire à cette dernière solution, décidant que l'indemnité entière est due, alors
même qu'il y aurait faute de la part de l'offensé
(art. 18, t. 6, 1re part.) ; mais nous avouons ne pas
comprendre le motif de cette modification apportée à
notre Code.

Il ne faudrait pas voir une violation du principe
ci-dessus posé, dans les décisions judiciaires qui
renvoient deux plaideurs déboutés l'un et l'autre de
leur demande, parce qu'ils se sont causé un dom-

mage réciproque. Ainsi la Cour de Riom a déclaré que deux industriels, qui avaient publié l'un contre l'autre des écrits de nature à déprécier leurs produits, étaient non recevables dans leur action en dommages-intérêts. En réalité le juge fait, en pareille hypothèse, une balance entre les préjudices réciproquement causés, et décide que la compensation est complète. (Riom, 23 nov. 1852, D. 53, 2, 137 ; Bru C. Lorbaud.)

Nous pouvons aller plus loin, et supposer que la part de responsabilité de celui qui souffre le dommage augmente au point de faire disparaître entièrement celle de l'autre agent. La jurisprudence nous offre même à cet égard un curieux exemple rapporté par M. Sourdat (n° 660). Une diligence vint à rencontrer, sur une grande route, le cabriolet d'un sieur Varin qui avait eu le tort de ne pas se munir du falot réglementaire ; le sieur Varin fut blessé ; il forma une demande en dommages-intérêts contre le postillon qui se défendit en alléguant que le demandeur en n'éclairant pas sa voiture, avait lui-même couru au devant de l'accident. Finalement, la Cour de Douai, appelée à statuer, débouta le sieur Varin de sa demande.

M. Sourdat explique ainsi la décision : « Si la partie lésée a elle-même offert occasion au dommage, par une faute personnelle, elle est non recevable à se plaindre. Si cette faute n'est qu'une imprudence, il est naturel d'en opérer la *compensation* avec la faute de même nature commise par l'agent immédiat du dommage. Les conséquences d'une simple imprudence doivent être absorbées complétement par celles de l'imprudence plus grave, de la faute lourde, et surtout du délit commis par la partie lésée, imprudence ou délit qui ont offert l'occasion du dommage. »

Il y a, ce nous semble, dans ce raisonnement, une double erreur.

Si le dommage n'existe que d'un côté, comment peut-il être question de compensation ; et si la compensation existe dans la faute, pourquoi ne pas décider que chacun supportera moitié du dommage, au au lieu d'approuver la décision qui met le tout à a charge d'un seul ?

Nous ne pouvons comprendre non plus qu'une faute grave absorbe une faute moins grave, puisque la faute ne doit être envisagée que sous le rapport de la recevabilité de l'action et non quant à la mesure du préjudice ni, par suite, de l'étendue de la réparation.

Ce que nous croyons, c'est que la Cour de Douai a considéré que le véritable auteur du dommage n'était pas celui qui l'avait causé matériellement ; mais bien celui qui avait couru au devant du danger. Si un individu va se précipiter à la rencontre d'une locomotive, direz-vous que le mécanicien est l'auteur d'un homicide ? Évidemment non, car la victime est à la fois l'agent actif et passif du dommage. C'est selon nous, sur une espèce analogue qu'a statué la Cour (14 déc. 1846, S. 542, *Contra* C. Lyon, 17 janv. 1844, S. 44, 2, 401.)

11

Nous ne terminerons pas cette section, sans présenter quelques développements au sujet du pouvoir
qu'ont reçu les tribunaux en cette matière. Ils exercent un pouvoir souverain toutes les fois qu'ils ont
à se prononcer sur l'existence des éléments de la
responsabilité, ou sur l'étendue du dommage et par
suite de la réparation.

Ce pouvoir appartient en principe aux tribunaux
criminels, aussi bien qu'aux tribunaux civils.

En matière purement civile, la liberté des tribunaux ne souffre que de très-rares exceptions. Nous n'en
pourrions citer que deux : 1° La loi du 19 décembre
1850 sur l'usure, qui détermine elle-même l'étendue
et le mode de réparation ; cette réparation consiste
dans le remboursement des perceptions excessives,
avec les intérêts. 2° La loi du 21 avril 1810, sur les
mines, qui fixe, dans certains cas, *au double* du préjudice causé au propriétaire du sol, l'indemnité qui
lui est due.

Les matières criminelles méritent une attention spéciale : le droit des tribunaux de répression se fonde
directement sur l'art 51 du Code pénal, ainsi conçu :
« Quand il y aura lieu à restitution, le coupable
pourra être condamné, en outre, envers la partie lésée,
si elle le requiert, à des indemnités dont *la détermination est laissée à la justice de la cour ou du tribunal,*
lorsque la loi ne les aura pas elle-même réglées, sans
que la cour ou le tribunal puisse, du consentement
même de la dite partie, en prononcer l'application à
une œuvre quelconque. »

Bien que cette disposition soit placée au chapitre des crimes et des délits, on n'hésite pas à l'étendre aux contraventions elles-mêmes. Les exceptions auxquelles il est fait allusion dans l'article précité, par un renvoi à des lois spéciales, sont plus nombreuses que dans les matières purement civiles. Nous citerons :

Les art. 114, 117, 149 du Code pénal, qui fixent à un maximum de 15 francs par jour, le montant des dommages-intérêts que peut obtenir la victime d'une détention illégale, contre le fonctionnaire ou préposé du gouvernement qui a ordonné cette détention.

L'art. 29 du Code forestier, qui porte qu'en cas d'abatage par l'adjudicataire d'arbres non compris dans l'adjudication, si les bois sont de meilleure nature ou qualité que ceux de la vente, il paiera, outre l'amende, une somme *double* à titre de dommages-intérêts. Et l'art. 40 du même Code qui, prévoyant le cas ou la coupe et la vidange des ventes ne sont pas effectuées dans le délai déterminé, fixe à la valeur des bois restés sur pied ou gisant encore dans la coupe le minimum des dommages-intérêts. De même les art. 33, 34, 36, 37, 39, du même Code.

4° Enfin l'art. 202, qui dispose d'une manière générale, pour les matières forestières, que dans tous les cas où il y aura lieu à adjuger des dommages-intérêts, ils ne pourront être inférieurs à l'amende simple prononcée par jugement.

En dehors de ces exceptions donc, les tribunaux ne s'inspirent que de l'examen du fait. Mais, le fait une fois constaté, les conséquences légales qu'il con-

vient d'en tirer peuvent être appréciées et réformées
par la Cour de cassation. Dans cette limite, la Cour
suprême pourra connaître tant de la recevabilité de
l'action en dommages-intérêts que de l'étendue de la
réparation. Ainsi, elle prononcera définitivement,
sur le point de savoir si telle ou telle perte résulte
directement du délit ou du quasi-délit et constitue un
dommage direct ; si le préjudice est certain, actuel ;
(Domat Liv. 3 t. 5, Sect. 2, n° 4) ; si le dommage a
été commis sans droit ; s'il y a violation d'un droit
acquis ; si tel fait reconnu constant est essentiel à
l'imputabilité, etc.

L'appréciation de l'étendue du dommage, et, par
suite, de l'étendue de la réparation, est encore un point
de fait qui échappe certainement à la censure de la Cour
de cassation ; mais il en serait autrement s'il s'agissait
de prononcer sur la base qui a servi aux évaluations ;
ainsi supposons que, selon une tendance générale
quoique regrettable, le juge du fond, après avoir mesuré le *quantum* du dommage, reste, dans ses condamnations, au-dessous de cette mesure, soit parce que
l'auteur du fait mérite indulgence, soit parce que sa
faute est légère ; un tel jugement pourrait être an-
nulé pour violation de l'art 1382.

Nous croyons aussi que la Cour suprême pourrait
se prononcer sur toutes les difficultés que ferait naître
la nature spéciale des réparations ordonnées par le
juge du fond.

CHAPITRE III.

EXERCICE DE L'ACTION EN DOMMAGES-INTÉRÊTS.

Le droit est défini, son étendue, constatée ; mais le droit est une abstraction ; il faut, pour lui faire produire un effet utile, le mettre en mouvement. L'action (*actio*, *agere*) est précisément la sanction et la poursuite du droit : *Nihil aliud est actio, quam jus quod sibi debeatur judicio persequendi* (D. 44, 7, *de oblig. et act.* 51, f. *Cels.*). L'action est aussi le procédé que nous employons devant les tribunaux pour faire attribuer force à notre droit.

L'action en responsabilité civile est personnelle et mobilière : personnelle, parce qu'elle tend à obtenir de l'auteur du dommage l'accomplissement d'une obligation ; mobilière, parce qu'elle a pour objet une somme d'argent ou l'accomplissement d'un fait. Elle prend spécialement le nom d'action en dommages-intérêts ou en indemnité, d'action en réparations civiles. Qu'elle désigne le droit de poursuite ou la poursuite elle-même, c'est-à-dire l'instance, elle est soumise, comme toutes les autres, aux règles géné-

rales des actions. Mais elle présente des particularités nombreuses que nous nous proposons d'étudier
brièvement sous les six paragraphes qui suivent.

§ 1er,

Qui peut exercer l'action.

L'action en dommages-intérêts appartient à celui
qui a souffert le dommage, et elle n'appartient qu'à
lui ; parce qu'il a seul intérêt à demander la réparation du préjudice qu'il éprouve. (Loi 16-20 sept.
1791, t. 5, art. 1er. Code du 3 brum. an iv, art. 6 ;
Code instr. crim., art. 1er et 63.)

Lorsque la partie lésée est une universalité,
comme l'État, le département, la commune, ces personnes morales agissent par leurs représentants ; on
comprend que chaque citoyen d'un état, chaque
habitant d'un département ou d'une commune, ou
chaque membre d'une communauté présentant un
être moral, ne pourrait demander une réparation
personnelle, pour la part qu'il supporte dans le préjudice général.

Le ministère public lui-même ne pourrait, dans un
intérêt général ou privé, exercer l'action en dommages-intérêts ; car son intervention n'a lieu dans
les procès civils que par voie de conclusions et
comme partie jointe. Il ne le pourrait davantage

dans les matières criminelles, où il exerce l'action publique. On ne déciderait pas autrement, alors même qu'il s'agirait de faire valoir le droit de l'État ou d'un établissement public quelconque, ces personnes morales ayant des représentants légaux, seuls autorisés : les ministres, les préfets, les maires, etc. (art. 69, Pr.) On pourrait cependant citer quelques exceptions en matière forestière ou de pêche ; mais elles ne font que confirmer le principe.

Les tribunaux pourraient moins encore prononcer d'office la condamnation à des dommages-intérêts, soit dans le cours d'une procédure civile, soit à l'occasion d'une poursuite criminelle. Il est donc nécessaire que la partie lésée ait conclu à une allocation au moins égale au montant total des condamnations, autrement la sentence serait entachée du vice de *ultra petita* et susceptible de cassation.

Les tribunaux ne pourraient non plus, soit d'office soit même à la requête du demandeur, affecter le bénéfice de leurs condamnations aux pauvres d'une commune, ou à toute autre œuvre de bienfaisance (art. 51 P.). Il y aurait là un moyen trop facile d'aggraver les réparations au préjudice de l'auteur du dommage. Rarement les tribunaux se sont écartés de cette règle ; jamais ils n'ont pu le faire sans violer la loi et encourir la censure de la Cour de cassation. (Cass. 17 flor. an ix Dall. oblig. p. 781, n° 5.)

On peut admettre au contraire que l'effet de la réparation soit étendu à certains membres de la famille de la victime, notamment à ses enfants ; la

Cour de cassation a vu là une sorte de stipulation
pour autrui, suffisamment autorisée par un argument
d'analogie tiré des art. 1121 et 1973.

L'action civile résultant, soit d'un délit soit d'un
quasi-délit, se transmet aux héritiers de la partie
lésée, telle est en effet la règle ancienne. (Inst. Liv. 4,
t. 12 § 1; L. 1, D. de priv. dél. § 1,). C'est encore le
le principe général ; il n'y est dérogé que pour
certaines actions exclusivement attach' s à la personne du défunt ; l'héritier de la   ouve l'action en dommages-intérêts dans l. ....imoine qu'il
recueille et il en use comme des autres biens à titre
de représentant du défunt.

Cette solution, qui n'est que l'application du droit
commun, ne souffre aucune difficulté lorsque le dommage résulte d'un attentat contre les biens du défunt ; car l'action nous apparaît, sous quelque côté
qu'on l'envisage, comme le moyen de faire rentrer
dans un patrimoine, dont l'héritier est aujourd'hui
saisi, une valeur qu'un acte illicite en a fait sortir; si,
au contraire, on ne peut alléguer qu'un dommage
résultant d'un attentat contre la personne du défunt,
nous croyons qu'il faudra reproduire la distinction
déjà faite, entre le dommage matériel résultant d'une
atteinte à la personne physique et le dommage moral
dû à une atteinte à la personne morale. Au premier cas,
nous dirons encore que l'action est, sans aucun doute,
transmissible aux héritiers, car on n'aperçoit aucune
raison de différence. Mais au second cas, l'action
présente un autre aspect : son but n'est plus de faire

rentrer une valeur sortie d'un patrimoine, c'est plutôt une satisfaction donnée à l'honneur de l'offensé. L'action a, dès lors, un caractère trop individuel pour qu'elle présente, entre les mains des héritiers, le même intérêt qu'à l'origine et elle doit s'éteindre avec son premier titulaire. C'est ce que le législateur a décidé par la loi du 26 mai 1819, pour le cas de diffamation par la voie de la presse ; l'action publique, et à plus forte raison l'action civile, n'est recevable que sur la plainte personnelle de la partie lésée (art, 1, 4, 5, de la loi.). Si donc la personne diffamée est décédée avant d'avoir mis l'action en mouvement, ses héritiers ne sont pas recevables à prendre l'initiative ; mais seulement à continuer l'action déjà intentée. Cette loi, il est vrai, ne statue que dans un cas spécial ; mais elle indique la pensée du législateur et consacre un principe général et rationnel qui doit être appliqué dans tous les cas : celui qui est mort sans se plaindre, est censé, par son silence, avoir remis l'offense qui lui a été faite.

Que si la mort du défunt à sa cause dans le délit ou quasi-délit, alors l'action prend naissance directement dans la personne des héritiers, et ils peuvent évidemment l'exercer en leur propre nom.

On s'est demandé si l'action en dommages-intérêts peut être cédée à un tiers, et si les créanciers de la partie lésée peuvent l'exercer.

En ce qui concerne la cession, nous n'apercevons rien dans notre droit qui s'y oppose. Le cessionnaire

exercera donc tons les droits de la partie civile ; mais
au nom de cette partie, et comme substitué à son
droit, comme *procurator in rem suam*. Ainsi, le défendeur pourrait toujours invoquer l'art. 1699 sur le
retrait litigieux, pour se faire tenir quitte des poursuites à fins civiles, moyennant le remboursement
qu'il ferait au cessionnaire du prix de la cession, y
compris les frais, loyaux coûts et intérêts.

Quant aux créanciers, leur droit à exercer l'action
est tout aussi évident, lorsque cette action a pour
origine une atteinte portée directement au patrimoine de la partie lésée. Mais il en est différemment
lorsque l'action résulte d'un attentat contre la personne même de l'offensé. Tandis que nous pouvons
en effet, céder même les actions dont l'exercice est
subordonné à un acte de notre volonté, les créanciers
ne pourraient exercer une telle action. Or tel est précisément le caractère de l'action en dommages-intérêts, lorsqu'elle a pour objet la réparation d'une atteinte portée à la personne ou à la considération du
cédant. Mais, dira-t-on, cette action a pour but l'exercice d'un droit pécuniaire. Cela est vrai, mais insuffisant, car elle présente aussi un côté moral, qui
en fait un droit exclusivement attaché à la personne
de l'offensé (art. 1166. Analog., art. 1444.) C'est
une de ces actions que les romains qualifiaient : *actiones vindictam spirantes*, et qui ont moins pour objet une indemnité pécuniaire que la réparation d'un
tort moral.

Nous croyons donc que l'action en dommages-in-

térêts doit être refusée aux créanciers, non-seulement lorsqu'elle a pour objet la réparation d'une
injure; mais encore lorsqu'elle a pour objet la réparation d'une atteinte à la personne physique du débiteur. (M. Sourdat n° 78. MM. Aubry et Rau, § 312.
Demol., tome 25 n° 82.)

§. II.

Contre qui l'action peut être exercée.

L'action en dommages-intérêts sera dirigée contre
l'auteur du dommage, ou ses complices ; car c'est à
eux seuls qu'incombe l'obligation de réparer le préjudice qu'ils ont causé : « Peccata igitur suos teneant
auctores, nec ulterius progrediatur metus quam reperiatur delictum » (L. 22, *Cod. de pœnis*). L'art.
1384 établit cependant une responsabilité civile à
raison du fait de personnes placées sous notre autorité, ou surveillance ; mais nous avons déjà dit qu'il
ne faut voir dans cette disposition qu'une extension
de la responsabilité à raison de notre propre fait.

L'action en dommages-intérêts grève le patrimoine de l'auteur du dommage ; elle passe donc
contre ses héritiers, ou autres successeurs, qui re-
cueillent l'hérédité.

En matière de quasi-délit ou de délit purement
civil, pas de difficulté, nous sommes absolument

dans le droit commun ; car notre droit, abandonnant avec raison l'idée romaine, ne voit dans la réparation qu'un dédommagement purement civil sans mélange de pénalité.

Si le fait dommageable constitue un délit pénal, la règle est encore la même, en ce qui concerne l'action civile, bien que l'action publique s'éteigne par la mort du coupable. L'art. 2 du Code d'instr. crim. est à cet égard aussi formel que possible.

L'amende, bien qu'elle pèse uniquement sur le patrimoine des condamnés, ne peut cependant être prononcée contre les héritiers du délinquant ; parce qu'elle est instituée dans un but d'expiation personnelle, en un mot, à titre de peine.

La solution est certaine, tant qu'il s'agit d'amendes prononcées par le Code pénal. Mais le doute peut s'élever lorsqu'il est question d'amendes prévues par des lois spéciales et poursuivies à la requête de certaines administrations publiques. Ces administrations, et notamment celles des douanes et des contributions indirectes, ont prétendu que les amendes dont la poursuite leur est confiée ne constituent pas une peine proprement dite ; mais plutôt la réparation, déterminée à forfait, d'un préjudice causé au trésor. La jurisprudence, et notamment la Cour de cassation, se sont prononcées en des sens divers. Nous serions disposé à ne faire aucune exception et à voir dans toute amende une peine qui ne peut atteindre les héritiers.

Si cependant l'amende avait été prononcée avant

lo décès de l'agent, l'exécution du jugement pourrait être poursuivie contre les héritiers; car la sentence judiciaire opère une sorte de novation et crée,
au profit du fisc, une créance définitive.

?. III.

Compétence et forme de procédure.

L'exercice de l'action en dommages-intérêts est
soumis aux formes de procédure des actions personnelles et mobilières. Les tribunaux compétents
seront donc les tribunaux civils de l'ordre judiciaire
ou administratif. Mais une dérogation importante est
apportée à ce droit lorsque l'action prend sa source
dans un fait prévu et réprimé par la loi pénale. L'action peut alors être portée, au choix du demandeur,
soit devant le tribunal criminel saisi de l'action publique, soit devant la juridiction civile. Ce point est
réglé en ces termes, par l'art. 3 du Code d'instr.
crim.

« L'action civile peut être poursuivie en même
temps et devant les mêmes juges que l'action publique. Elle peut aussi l'être séparément : dans ce
cas, l'exercice en est suspendu tant qu'il n'a pas été
prononcé définitivement sur l'action publique intentée avant ou pendant la poursuite de l'action civile. »

Cette disposition ne s'applique pas aux conseils de guerre qui restent, par conséquent, incompétents pour connaître des demandes en dommages-intérêts. (Cass. 23 août 1817, Dall. comp. p. 540 ; — Code de justice militaire du 9 juin 1857, art. 53 ; — L. 4 juin 1858, *sur l'armée de mer.*) ;

Mais elle doit être étendue aux conseils de préfecture et au conseil d'État (avis du 29 août 1809, approuvé le 20 septembre).

Enfin elle est toujours subordonnée au principe de la séparation des pouvoirs et les tribunaux ordinaires, incompétents pour statuer sur une action civile, ne pourraient, à la faveur d'une poursuite criminelle, retenir une affaire civile placée en dehors de leurs attributions (Tribunal des conflits, 17 avril 1851; Lebon p. 286).

La faculté de porter l'action devant le tribunal civil, ou devant le tribunal saisi de la poursuite criminelle, constitue pour la partie lésée un droit qui ne saurait lui être enlevé, soit d'office par le juge, soit à la requête du délinquant. (Cass. 30 juillet 1819.)

Le procès civil n'est jamais qu'une annexe du procès pénal, l'incompétence du tribunal criminel pour connaître de celui-ci le dessaisit donc nécessairement du premier.

Il en serait de même, si l'acquittement du prévenu était prononcé, parce que le fait, quoique dommageable, ne constitue ni un crime, ni un délit, ni une contravention. Par exception, les cours d'assises

peuvent statuer, même en cas d'acquittement, sur
l'action en dommages-intérêts régulièrement introduite par la partie civile. (Art. 366, instr. crim.)
Le législateur a pensé que les soins apportés en
pareil cas à l'instruction, et la solemnité des débats,
offraient à la partie lésée la meilleure garantie qu'elle
pût désirer.

Nous avons supposé jusqu'à présent que la partie
lésée use de la faculté qui lui est donnée de joindre
l'action civile à l'action publique. Mais elle peut
préférer la voie ordinaire, qui lui permet de saisir
séparément les tribunaux civils. On serait porté à
croire, qu'il faut alors appliquer, de tous points,
les règles générales sur l'exercice des actions civiles. Il n'en est rien. Ces règles sont, au contraire,
souvent modifiées par l'influence que l'action publique exerce encore sur l'action civile.

Aux termes de l'art. 3 du Code d'instr. crim.,
l'exercice de l'action civile sera suspendu tant qu'il
n'aura pas été prononcé définitivement sur l'action
publique, intentée, soit avant, soit pendant la poursuite de l'action civile ; ce que la doctrine résume
ainsi : *le criminel tient le civil en état, in statu quo.*
Les tribunaux civils sont donc tenus de suspendre le
cours de l'instance civile et de surseoir à leur décision, jusqu'à ce que le tribunal de répression se soit
prononcé. Le législateur a voulu par là prévenir des
contrariétés de jugements trop fréquentes et trop
faciles ; et il a naturellement donné la priorité à la
sentence la plus grave, à celle qui peut porter

atteinte, non-seulement à la fortune, mais à l'honneur, à la considération et à la liberté ; il a voulu aussi que l'affaire arrivât toujours entière au juge de répression ; afin qu'il ne se laissât pas influencer par une première décision qu'il serait porté à prendre pour la vérité.

Le cours du procès civil n'est suspendu qu'en présence d'une poursuite criminelle déjà commencée; une simple menace de poursuite ne suffirait pas.

On s'est demandé si, lorsqu'au cours d'une instance civile, des poursuites à fin criminelles, sont exercées devant le tribunal de répression, la partie lésée peut demander son renvoi devant cette juridiction, ou s'il ne faut pas refuser ce renvoi, par application de la règle : *Electa via, non datur recursus ad alteram.*

Pour cette dernière solution on invoque les art. 1638 et 1644 du Code civil; l'art. 26 Pr.; l'art. 3, Instr. crim. lui-même, dans son § 2 ; enfin l'art. 5 n° 5 de la loi du 25 mai 1838, sur les justices de paix. Mais ces textes ne sont pas concluants, et nous préférons la première opinion, conforme au principe posé dans le 1er § de l'art. 3, et aux dispositions des art. 67 du même Code et 250 du Code de procédure.

Quant à la règle *electa via non datur recursus ad alteram*, qui, il faut le dire, n'est écrite nulle part, nous la réservons pour les cas de litispendance ou de chose jugée.

La règle d'après laquelle le criminel tient le civil

en état comporte une exception importante, au cas
où la solution du procès pénal dépend d'une question
civile rentrant exclusivement dans la compétence du
juge civil. Ainsi, un individu accusé de parricide,
nie la filiation qu'on lui attribue ; ou bien il est prévenu d'avoir coupé vos arbres, et il se prétend
propriétaire, disant, *feci sed jure feci.* Est-il le fils
de la victime, le propriétaire des arbres ? ce sont là
des questions préjudicielles qui ne peuvent être tran-
chées que par la juridiction civile. Les questions
préjudicielles seront ici, en général, celles qui tou-
chent à la propriété immobilière, aux réclamations
d'état et, enfin, à la compétence. (V° une note du
5 nov. 1813, émanant du président de la Cour de
cassation, laquelle est rapporté par Mangin, t. I°°,
n° 240 de son *Traité de l'action publique et civile.*)

§ IV.

Preuves.

C'est à celui qui allègue une obligation à en admi-
nistrer la preuve, c'est-à-dire la démonstration juridique. (1315 Code civil.) La présomption est toujours
en faveur de la liberté, de l'absence d'un lien de droit.
On ne présumera, par conséquent, ni le crime, ni le
délit, ni le quasi-délit, ni le dommage, ni la faute ;
ce sera au demandeur à établir les faits constitutifs

12

de la responsabilité ; mais, réciproquement, ce sera au défendeur à établir les faits qu'il allègue pour sa justification (art. 1315, § 2); par exemple, l'absence de volonté ou de liberté, l'existence de son droit à commettre le dommage, le cas fortuit ou de force majeure.

Demandeur et défendeur ont à leur disposition tous les moyens de preuve (art. 1348); ils peuvent user des simples présomptions, qui, aux termes de l'art. 1352, sont entièrement abandonnées à la prudence des juges.

Les décisions de la juridiction criminelle exerceront souvent une influence décisive sur le sort de l'action civile ; ainsi il est certain que la déclaration de culpabilité ou non-culpabilité ; d'existence ou inexistence des faits, de leur imputabilité, s'impose aux différents ordres de juridiction. (M. Ortolan, *Éléments de droit pénal*, n° 1276.) Mais l'action publique et l'action civile n'ayant ni le même but ni le même fondement, il pourra arriver, sans qu'il y ait contrariété de jugements, que l'une aboutisse à une condamnation et l'autre à une absolution (arg. de l'art. 366, Inst. crim.). Des auteurs ont soutenu cependant que la décision intervenue sur l'action publique serait sans aucune influence relativement à la décision à intervenir sur l'action civile (Toullier, Faustin, — Hélie, Dalloz); mais, sans nous arrêter à une discussion qui demanderait de trop longs développements, nous croyons que la question ne peut être tranchée que par la distinction dont

nous venons de poser le principe. (Favart, t. II,
p. 465. — Duranton, 13, nᵒˢ 483, 490 et suiv. —
Carnot, Inst. crim. sur l'art. 451. — Cass. 14 fév.
1860, D. 101.)

§ V.

Solidarité.

L'article 55 du Code pénal, est ainsi conçu :
« Tous les individus condamnés pour un même
crime ou pour un même délit seront tenus *solidairement* des *amendes*, des *restitutions*, des *dommages-
intérêts* et des frais. »

On essaie généralement de justifier cette disposition, au moins en ce qui concerne les restitutions et
les dommages-intérêts, en disant que chacun des
délinquants a, autant qu'il était en lui, causé le dommage tout entier et que la partie lésée ne doit pas
souffrir de ce que le dommage a été commis par
plusieurs. Cette explication ne nous paraît pas satis-
faisante ; nous ne pourrons jamais comprendre qu'on
puisse rationnellement imputer le dommage tout entier à qui n'en a causé qu'une partie ; nous aimons
mieux penser que le législateur s'est laissé entraîner
par la difficulté qu'il y aurait à diviser la responsabilité entre plusieurs agents du même délit et par le
peu de faveur que lui inspiraient ces agents. Ce qui
confirme notre manière de voir, c'est qu'il ne s'arrête
pas devant l'amende qui est une peine, il l'impose,

comme les réparations civiles, solidairement à chacun des coupables.

L'art. 55 ne vise que les individus condamnés pour un même crime ou un même délit; d'où la question de savoir s'il faut l'appliquer aux contraventions. Nous le croyons, malgré de nombreuses dissidences.

La solidarité établie par notre art. 55 pour les matières pénales existe de plein droit, par la seule vertu de la loi et indépendamment de la mention qui en serait faite dans le jugement. Cela résulte de la rédaction même de l'art. 55 et des principes généraux sur la solidarité légale.

Il ne faut voir, dans la solidarité établie par l'art. 55, qu'une garantie en faveur de la partie lésée. Elle est sans effet dans les rapports des individus condamnés et le juge pourrait répartir entre eux, proportionnellement à leur responsabilité individuelle, le montant total de la réparation.

Si le juge a omis de faire cette répartition, et que l'un des condamnés ait payé le tout, aura-t-il recours contre les autres? La Cour de Lyon a adopté l'opinion de certains auteurs qui refusent tout recours, par cette considération qu'un tel recours aurait une cause honteuse, illicite et criminelle! Nous citons textuellement. On a répondu très-judicieusement que la cause du recours est non pas le délit, mais le paiement de la dette d'autrui, ce qui dans l'espèce est non-seulement licite, mais ordonné par la loi.

Il n'en serait pas autrement, si un individu condamné pour son méfait, prétendait ensuite recourir, contre ses complices, pour les faire déclarer responsables conjointement avec lui. Cependant certains auteurs sont d'un avis contraire, et ils pensent que ce serait le cas d'appliquer la règle que nous repoussions à l'instant et de dire : *proprii delicti pœnam subit*(L. 1, § 14, *D. de Tutela et rat. distrah.*)

Le principe du recours, entre individus condamnés pour le même fait étant admis, il nous reste à voir dans quelle mesure s'exercera ce recours.

Il est évidemment inadmissible que l'un de ces individus vienne prétendre qu'il n'a agi que dans l'intérêt des autres, pour arriver, aux termes de l'art. 1216, à n'être tenu définitivement de rien, ce serait immoral. La cause de l'obligation est le dommage causé, elle se forme, comme nous avons dit, re. En l'absence d'une décision, qui mesure à chacun sa part de responsabilité, ils sont donc de condition égale et par suite, tenus entre eux, pour leur part et portion virile, l'insolvabilité de l'un se répartissant sur les autres. (art. 1213-1214.)

Remarquons que l'art. 55 pose une règle de fond qui s'applique aux matières criminelles, alors même que l'action civile dérivant d'un délit pénal serait portée devant la juridiction civile. La forme de procédure est un point trop secondaire pour modifier une disposition de cette importance, et, du reste, la solidarité affecte l'obligation d'une modalité indélébile.

Telle est la solidarité dans les matières criminelles. Est-elle la même dans les délits purement civils ou quasi-délits ; en un mot, l'art. 55 doit-il être étendu aux matières purement civiles ?

Nous ne le pensons pas. La solidarité est une chose exorbitante, exceptionnelle ; elle ne peut résulter que de la convention expresse, ou d'un texte formel (art. 1202) ; or ce texte n'existe pas, puisque l'art. 55 statue sans égard à notre matière.

Toutefois, en dehors de cette solidarité proprement dite, il existe une obligation *in solidum* qui oblige aussi *au tout*, sans présenter cependant les autres caractères exorbitants de la solidarité, énoncés dans les art. 1205 1206 et 1207. Cette obligation n'a besoin d'être ni stipulée ni écrite formellement dans la loi, elle résulte de la nature même des choses ; or, tel est notre cas, l'art. 1382 oblige à réparer le dommage, c'est-à-dire tout le dommage ; lors donc que le juge n'a pas divisé les responsabilités, chacun est, par le fait même, tenu de la réparation, c'est-à-dire de toute la réparation. (Cass. 11 juillet 1827. Rej. 4 mai 1859. D. 314, 20 décembre 1852. D. 1. 49. Demol, n° 269 26° vol.)

§. VI.

Extinctum de l'action. Prescription.

Trois causes peuvent amener l'extinction de l'action en dommages-intérêts : la transaction, le désistement, la prescription.

1° *La transaction*. — La transaction est un des modes d'exercice de notre droit ; on peut donc toujours transiger sur l'action civile qui ne concerne que notre intérêt privé ; mais on ne le peut sur l'action publique, destinée à garantir les intérêts généraux de la société. L'indépendance de ces deux actions au point de vue de la transaction était déjà proclamée en droit romain (L. 38 de pactis) ; elle fut consacrée par l'ordonnance de 1670 et enfin dans nos Codes, art. 2046, Code civil et 4, Instr. Crim.

Le droit de transiger a même été formellement reconnu à certaines administrations, relativement aux amendes et confiscations considérées comme des réparations civiles accordées au fisc.

2° *Le désistement*. — C'est l'abandon de l'action à une époque où elle est déjà portée devant les tribunaux. Il emporte, dit l'art. 403 Pr., remise des choses au même état qu'avant la demande, ce qui signifie qu'en principe le désistement n'éteint que l'instance, la procédure. Le droit continue à subsister et il pourra donner lieu à une nouvelle demande.

Le désistement est judiciaire ou extra-judiciaire. Dans ce dernier cas, il n'est assujetti à aucune formalité ; dans le premier, il doit être fait dans les termes de l'art. 402 Pr., par actes signifiés d'avoué à avoué.

L'action publique, qui ne peut être influencée par la transaction, ne le sera pas davantage par le désistement. Voici cependant une exception importante pour le cas d'adultère de la femme : on sait que ce

délit, ne peut être poursuivi que sur la plainte du
mari et que le mari peut même arrêter l'effet du jugement de condamnation (art. 337 pénal, 308 et
307, Civ.). La doctrine et la jurisprudence ont conclu de là qu'à plus forte raison, le mari, qui se présente au cours de la poursuite correctionnelle, peut
arrêter et paralyser définitivement l'exercice de l'action publique (Cass. 26 août 1857, D. 345).

3° *La prescription*. — La prescription, en général, est l'extinction d'un droit ou action par la révo-
lution d'un temps déterminé.

L'action en dommages-intérêts, lorsqu'elle résulte
d'un délit civil ou d'un quasi-délit, est soumise à la
prescription ordinaire de 30 ans (art. 2262, Code
civil) ; mais, lorsqu'elle est née d'un délit pénal,
elle est, au contraire, soumise à une prescription
spéciale qu'il importe de mentionner. En pareil cas,
l'action est associée, quant à son existence, à la durée
de l'action publique, en ce sens que la prescription
de celle-ci emporte prescription de l'autre. L'art. 2
du Code d'instr. crim. pose le principe et les art.
637, 638 et 640, du même code, l'organisent dans
ses détails, pour les crimes, pour les délits et pour
les contraventions. En conséquence, l'action civile,
aussi bien que l'action publique se prescrivent.; savoir par dix ans, pour les crimes (art. 637) ; par
trois ans, pour les délits (art. 638) ; enfin, par un
an, pour les contraventions (art. 640).

Cette prescription est une règle de fond qui s'applique, alors même que l'action serait portée, sépa-

rément à l'action publique, devant la juridiction
civile, pourvu toutefois que le demandeur articule
des faits qualifiés crimes, délits ou contraventions
(Cass. 29 avril 1846, S. 413 ; — Paris, 24 fév.
1855, D. 56, 2, 71).

———

POSITIONS

—

DROIT ROMAIN.

I. La faute contractuelle peut donner naissance à deux actions : l'action du contrat et l'action de la loi Aquilia ; mais cette dernière n'est accordée qu'autant qu'il y a faute, d'après les règles du contrat.

II. Lorsque le débiteur est tenu de l'action du contrat et de l'action de la loi Aquilia, l'exercice de la première action n'empêche pas toujours l'exercice de la seconde.

III. L'action de la loi Aquilia est pénale dans tous les cas, et non transmissible contre les héritiers.

IV. L'*actio in factum* dont parle le § 16, aux Institutes, *de lege Aquilia*, n'est autre chose que l'*actio utilis legis Aquiliæ*.

V. Primus a promis son esclave à Secundus, et, avant que Primus soit mis en demeure de livrer l'esclave, Tertius le tue. Primus aura contre Tertius l'action legis Aquiliæ.

DROIT FRANÇAIS.

I. Le mot *faute*, dans l'art. 1382, a un sens juridique ; il s'entend du fait dommageable, imputable et accompli sans droit (page 109).

II. Dans les quasi-délits, toute graduation de la faute serait un non-sens (page 110).

III. Celui qui, ayant plusieurs manières d'exercer son droit, choisit, sans intérêt, celle qui doit nuire à autrui, commet une faute dans le sens juridique du mot. Il en est de même de celui qui use de son droit par malice, dans le but de nuire à autrui et sans utilité pour lui-même (page 117).

IV. Celui qui, croyant user de son droit, lèse autrui, est responsable, s'il a agi sans intérêt pour lui-même (page 121).

V. Le dommage commis en état d'ivresse doit être réparé. Il en serait autrement si on parvenait à démontrer que l'ivresse a détruit la liberté nécessaire à l'imputabilité de l'acte (page 137).

VI. Le montant de la réparation se mesure exactement sur l'importance du préjudice. Le juge ne peut réduire les condamnations en considération de la faiblesse de l'âge, de la ténuité de la faute, ou de l'élévation de l'indemnité (pages 135 et 159).

VII. Les coauteurs du même délit pénal sont tenus d'une obligation solidaire ; tandis que les coauteurs du même délit civil ou quasi-délit ne sont tenus que d'une obligation *in solidum*.

VIII. Les art. 1382 et 1383 s'appliquent en principe aux fonctionnaires publics et à l'État considéré comme personne civile (page 128).

DROIT CRIMINEL

I. Nonobstant la maxime : *Electa via non datur recursus ad alteram*, celui qui a porté son action en dommages intérêts devant la juridiction civile peut, après un désistement régulièrement accepté, reporter sa demande devant le tribunal de répression saisi de l'action publique.

II. La décision du tribunal criminel exerce, sur l'action civile, l'autorité de la chose jugée, pour ce qui est commun aux deux procès.

DROIT PUBLIC.

I. Les différentes lois qui ont établi, dans des matières spéciales, l'irresponsabilité totale ou partielle de l'État, ne font pas obstacle à la responsabilité des fonctionnaires publics, à raison de leurs délits ou quasi-délits.

II. Il n'appartient, en principe, qu'à l'autorité administrative de statuer sur les actions en dommages-intérêts, formées par les particuliers contre l'État, comme civilement responsable des fautes personnelles de ses agents.

III. Il appartient, en principe, aux tribunaux civils de statuer sur les actions en dommages-intérêts, formées par les particuliers contre les fonctionnaires publics, à raison des fautes que ceux-ci ont commises dans l'exercice de leurs fonctions. Mais il en est autrement si les agents ne sont poursuivis que comme mandataires de l'État, ou si les actes qui leur sont reprochés se rapportent à un objet d'administration.

IV. L'art. 1384, s'applique à l'État et aux administrations publiques, responsables du fait de leurs agents.

V. Le décret du 19 septembre 1870, en abrogeant l'article 75 de la constitution de l'an VIII, n'a porté aucune atteinte à la règle qui interdit aux tribunaux civils de s'immiscer dans les matières administratives.

Vu par le président de la thèse,

G. DEMANTE.

Vu par le Doyen,

G. COLMET-DAAGE.

Vu et permis d'imprimer,

Le vice-recteur de l'Académie de Paris,

A. MOURIER.

2492 — Abbeville. — Imprimerie Briez, C. Paillart et Retaux.

www.ingramcontent.com/pod-product-compliance
Lightning Source LLC
Chambersburg PA
CBHW060545210326
41519CB00014B/3350